커피, 광고, 그리고 영어
콘텐츠로 읽는 영어와 문화

커피, 광고, 그리고 영어

콘텐츠로 읽는 영어와 문화

신명희 지음

Brew & Buzz
Pop & Talk
Speak

한국문화사

Intro

커피와 광고 사이의 영어

— 콘텐츠는 어떻게 영어를 살아있게 만드는가? —

아침을 여는 첫 향은 커피다.

뜨거운 머그잔 안에는 단순한 음료 이상의 것이 담겨 있다. 국적도, 언어도, 시간도 다른 사람들과 우리는 커피 한 잔으로 연결된다. 그 속에는 이야기가 있고, 문화가 있고, 언어가 있다.

그리고 스마트폰을 켠다. 그 순간 우리는 광고 문장에 둘러싸인다. 유튜브 광고, 브랜드 슬로건, 카페 간판, 인스타그램 문구까지. 짧고 강한 영어들이 우리의 일상 언어를 바꾸고 있다.

이 책은 질문한다.

"콘텐츠는 어떻게 영어를 살아있게 만드는가?"

우리가 보고 듣고 마주하는 일상의 콘텐츠 속 영어는 삶과 감정, 정체성과 세계 인식을 담아낸다.

'Brew(커피)'와 'Buzz(광고와 대중문화)' 두 개의 콘텐츠를 출발점으로 삼아, 영어를 점수의 기술이 아니라 사람과 사람을 이어주고, 세계를 이해하는 살아 있는 언어로 다시 바라본다.

커피를 통해 문화의 기원을 읽고, 광고와 팝송, 영화, 유튜브를 통해 언어가 어떻게 감정과 권력, 정체성을 만들어내는지를 함께 살펴볼 것이다.

이 책은 교과서가 아니다.

당신이 좋아하는 콘텐츠를 영어로 '읽는' 방법을 함께 찾는 여정이다. 커피를 음미하듯, 여유롭게 페이지를 넘기며 영어가 당신의 감각과 사고를 어떻게 바꾸는지, 그 변화의 순간을 즐기길 바란다.

그리고 이제 묻는다! 우리가 마시는 이 커피 한 잔은 어디서 왔을까? 그 안에 담긴 언어의 여정은 어떻게 지금 이곳까지 도착했을까?

그 이야기 속으로 함께 들어가보자.

목차

Intro 커피와 광고 사이의 영어 4
– 콘텐츠는 어떻게 영어를 살아있게 만드는가? –

Brew: 커피의 기원과 언어의 여정

Chapter 1	Kaldi 전설 – 신화로 시작된 한 잔의 역사	13
Chapter 2	Qahwa에서 Coffee까지 – 어원으로 본 문화 이동	15
Chapter 3	Mocha와 Arabica – 이름이 말하는 제국과 경로	17
Chapter 4	수피즘과 커피 – 정신과 언어의 각성	20
Chapter 5	커피하우스의 탄생 – 토론과 지식의 공간	22
Chapter 6	영어 표현 속 커피 – 언어에 남은 문화의 흔적	25
Chapter 7	커피를 부르는 말, 나라별 감성 차이	29
Chapter 8	커피 주문과 언어의 눈높이	32
Chapter 9	커피 메뉴판 속 영어 읽기 – Latte vs. Flat White	36
Chapter 10	커피 브랜드의 언어 – Starbucks, Blue Bottle, Hollys	40
Chapter 11	커피 광고 속 영어 표현과 문화 코드	44
Chapter 12	영화 속 커피 장면 해석하기 – 대사, 상황, 감정의 언어	47
Chapter 13	커피에 담긴 정체성 – 당신의 커피 취향은?	52

Chapter 14	세계 커피 문화와 영어 표현	57
Chapter 15	카페에서 피어난 사회운동	65
Chapter 16	커피의 미래, 지구의 내일	70
Chapter 17	커피와 젠더	75
Chapter 18	커피와 비즈니스 영어	81

Buzz: 광고와 대중문화의 언어

Chapter 19	광고는 어떻게 말을 거는가? - 헤드라인의 언어	91
Chapter 20	Slogans & Logos - 짧은 영어가 만드는 강한 메시지	94
Chapter 21	브랜드 네이밍과 소비자의 언어 감각	97
Chapter 22	감정으로 설득하는 광고 문장 분석	100
Chapter 23	TV 광고 vs 유튜브 콘텐츠 속 영어	104
Chapter 24	광고 속 젠더와 정체성 코드	108
Chapter 25	광고는 문법을 파괴하는가? - 언어의 창의성 분석	112
Chapter 26	광고 언어와 권력 - 누가 말하고, 누가 침묵하는가?	115
Chapter 27	밈이 말하는 시대, 광고가 달라졌다	120
Chapter 28	광고는 문화를 입는다	126
Chapter 29	세상을 바꾸는 광고의 언어	134

Pop & Talk: 영화, 노래, 유튜브로 영어 말하기

Chapter 30	팝송 속 영어 감성 – 비유, 은유, 반복	145
Chapter 31	대중가요와 영어 가사 – BTS, Taylor Swift, Coldplay	150
Chapter 32	영화 속 명대사로 배우는 영어 표현	155
Chapter 33	자막으로 보는 문화차이 – Netflix 영어 vs 한국어 번역	159
Chapter 34	브이로그와 콘텐츠 영어 – 일상 속 자연스러운 말투	163
Chapter 35	유튜브 리뷰 콘텐츠의 구조와 표현	168
Chapter 36	영화와 음악 속 비언어적 소통 읽기	174
Chapter 37	내가 만든 광고 대사	180
Chapter 38	K-POP의 Flow 언어학	185
Chapter 39	'Slay'의 시대 – 유튜브 챌린지와 감정의 영어	190
Chapter 40	OTT 드라마로 익히는 리얼 생활 영어	195
Chapter 41	귀로 배우는 영어 – 팟캐스트와 오디오 콘텐츠	202

Speak: 영어로 말하고 쓰는 문화 이야기

Chapter 42	나의 커피 스토리 쓰기 – 에세이 워크숍	212
Chapter 43	문화 리플렉션 글쓰기 – 광고 vs 내 가치관	218
Chapter 44	인터뷰 실습 – 나의 콘텐츠 취향을 영어로 말하기	222

Chapter 45	사회문화적 이슈에 대한 논리적 표현 연습	226
Chapter 46	문화 비교 프레젠테이션 기획과 실습	230
Chapter 47	영어 에세이 구조 익히기	234
Chapter 48	다문화적 상황에서의 표현 전략과 배려	238
Chapter 49	영어로 생각을 말하다	245
Chapter 50	AI 시대, 정답 없는 커피, 정답 없는 언어	253

Epilogue 한 잔의 커피로 시작한 영어 문화 여행 258

Part 1
Brew: 커피의 기원과 언어의 여정

Kaldi 전설
신화로 시작된 한 잔의 역사

전설은 에티오피아의 고원지대에서 시작된다. 염소지기 칼디(Kaldi)는 어느 날 평소와 다름없이 염소 떼를 풀어놓고 있었는데, 갑자기 염소들이 낯선 붉은 열매를 먹고는 흥분해 뛰놀기 시작한 모습을 목격한다. 놀란 칼디는 이 열매를 근처의 수도사에게 가져갔고, 수도사는 이 열매를 달여 마신 뒤 밤새 기도를 이어갈 수 있었다고 전해진다.

이 열매는 후에 이슬람 지역에서 '각성의 음료'로 확산되었고, 결국 커피라는 이름으로 전 세계에 알려지게 되었다. 이 단순한 설화는 커피가 종교적 수행의 도구이자 정신적 각성의 상징으로 받아들여졌음을 보여준다.

이처럼 Kaldi 전설은 단순한 발견담이 아니라, 인간이 자연의 자극을 어떻게 의미화하고 사회적 상징으로 발전시켜 나가는지를 보여주는 하나의 문화 텍스트이기도 하다.

 Cultural Insight

  이슬람 초기 사회에서 '신의 음료'로 여겨졌던 커피는 그 출발부터 종교적 신비성과 사회적 호기심을 동시에 자극했다. 이 전설은 단순히 기원에 대한 설명을 넘어, '효과를 목격한 후 인간이 그것을 의미화하는 과정'을 보여준다.

  오늘날에도 광고나 브랜드 스토리텔링에서 이와 같은 기원 설화가 마케팅 수단으로 활용된다.

 Creative Activity

- Kaldi 전설을 각색한 짧은 동화를 영어로 다시 써보자. 등장인물을 바꾸거나 현대 배경으로 옮겨보는 것도 가능하다.

Qahwa에서 Coffee까지
어원으로 본 문화 이동

커피라는 단어는 긴 여정을 거쳤다. 그 시작은 아랍어 'قهوة(qahwa)'였다. 원래 '기운을 없애는 것'이라는 뜻을 지닌 이 단어는 술의 대체물로 사용되었고, 이슬람에서는 종교적 금주 문화 속에서 카페인이 각성과 집중을 유도하는 합법적 음료로 환영받았다.

오스만 제국에 들어서면서 qahwa는 'kahve'로 변화했고, kahve는 단순히 마시는 음료를 넘어, 사람들을 모아 사유하고 토론하게 하는 '사회적 공간'의 이름이 되었다. 이 개념은 유럽으로 퍼져 이탈리아어 caffè, 프랑스어 café를 거쳐 영어 coffee로 자리 잡는다.

영어 속 'coffee'는 단순한 음료명이 아니다. 이 단어는 언제, 어디서, 누구와 마시느냐에 따라 전혀 다른 의미를 갖는다. 아침의 루틴, 업무의 시작, 타인과의 교류, 혹은 잠시 멈춰 숨 고르기라는 다양한 문화적 맥락 속에서 커피는 언어적 상징으로 작동한다. 이처럼 언어는 이동할 때마다 문화를 품고, 커피는 그 과정을 가장 명확하게 보여주는 사례 중 하나다.

 Cultural Insight

커피는 언어를 타고 움직였고, 그 언어 속에는 지역의 가치관, 금기, 환대의 철학이 함께 옮겨졌다. Qahwa는 처음엔 금욕과 집중의 상징이었으나, 시간이 지나며 '삶의 일상적 리듬'으로 변모했다. 그 과정이 단어 변화 속에 녹아 있다. 어원이 바뀌는 과정에서 커피는 '명상과 기도의 음료 → 토론의 매개체 → 상업적 상품'으로 성격을 확장해갔다.

 Creative Activity

— 각 나라에서 커피를 부르는 말을 정리해보고, 그 의미와 문화적 뉘앙스를 비교해보자.

Mocha와 Arabica
이름이 말하는 제국과 경로

　Mocha는 원래 예멘의 항구 도시 이름이다. 15세기부터 17세기까지, 이 도시는 아라비아와 아프리카, 유럽을 잇는 커피 무역의 중심지였다. 당시 모카 항을 통해 유럽으로 들어간 커피는 그 지명 자체로 불리며, 곧 고급 원두의 대명사가 된다. 오늘날 '모카'는 초콜릿이 혼합된 커피 음료로까지 의미가 확장되었지만, 그 기원은 분명 하나의 지명이었다.

　한편 Arabica는 전 세계 커피 소비의 60~70%를 차지하는 대표 품종이다. 하지만 이 식물의 원산지는 아라비아가 아닌 에티오피아다. Arabica는 커피가 아라비아를 통해 유럽에 전파된 유통 경로를 반영하는 이름이다. 다시 말해, 이 이름은 누가 키웠는가가 아니라 누가 유통하고 말했는가를 중심으로 기억되고 있는 것이다.

　이처럼 커피 품종의 이름조차 식민적 유통의 흔적과 제국주의적 시선을 담고 있다. 이름이란 중립적이거나 객관적인 정보가 아니다. 그것은 서술권(narrative authority)을 가진 누군가가 어디에서부터 역사를 시작할지를 결정하는 장치다.

커피의 이름은 그 자체로 지리적 이동과 식민적 권력, 상품화 전략의 흔적을 보여주는 '언어화된 지도'라 할 수 있다. 'Mocha'와 'Arabica'는 단순한 커피 명칭이 아니다. 이들은 지리적 이동, 문화적 왜곡, 그리고 언어의 상품화 과정을 압축적으로 보여주는 사례다. 지명은 브랜드가 되고, 유통 경로는 권위가 되며, 이름은 기억과 권력을 나누는 코드가 된다. 우리가 이 단어들을 아무 생각 없이 사용할수록, 그 안에 담긴 역사적 힘의 비대칭은 더 강해진다.

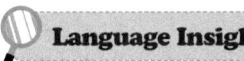

'Mocha'는 이제 고유한 맛을 상징하는 브랜드 언어가 되었고, 'Arabica'는 품질을 보증하는 상업적 기호가 되었다. 이처럼 지명은 상품이 되고, 언어는 경제적 자본으로 기능한다. 이름의 변화 속에는 문명 간 권력 이동과 언어의 계급화가 숨어 있다.

Cultural Insight

커피 이름은 단순한 명칭이 아니라, 권력과 감각, 기억이 얽힌 문화적 결과물이다. 'Mocha'가 지명이면서도 달콤한 커피 음료의 이미지로 소비되고, 'Arabica'가 실제 원산지가 아닌 경유지의 이름을 따랐다는 점은, 상품의 언어가 늘 가장 강한 유통 경로와 감각적 기대를 반영한다는 사실을 보여준다.

이름은 사물에 정체성을 부여할 뿐 아니라, 그 정체성이 '어디에서 어떻게 소비되느냐'에 따라 감정적 이미지를 덧입는다. 우리가 마시는 커피 한 잔에도, 그 이름에는 역사적 이동과 문화적 연출이 공존하고 있다.

> **Creative Activity**
>
> - 우리가 일상에서 사용하는 외래어 중, 원래 지명에서 출발한 것은 무엇인가?
>   예 Java, Champagne, Turkey, Parmesan 등
> - 그 단어는 오늘날 어떤 의미로 쓰이는가?
> - 그 변화는 언어의 중립성을 보여주는가, 아니면 권력과 기억의 왜곡을 드러내는가?

CHAPTER 4
수피즘과 커피
정신과 언어의 각성

　이슬람의 신비주의 전통인 수피즘(Sufism)에서는 커피가 수행의 도구로 사용되었다. 수피 수행자들은 밤새 깨어 있으면서 신의 이름을 반복적으로 부르는 디크르(dhikr)를 실천했다. 디크르는 '기억' 혹은 '상기'를 뜻하는 아랍어로, 신의 이름과 성구를 끊임없이 읊조리며 신과의 합일을 추구하는 내면적 기도이자 명상 행위이다. 이 과정에서 졸음을 쫓고 의식을 집중하기 위해 마시는 커피는 단순한 음료를 넘어 각성과 교감을 유도하는 신비로운 매개체로 여겨졌다. '오 강하신 분이여'라는 의미인 '야 카위(Ya Qawi)'란 신의 호칭을 외치며 커피를 마시는 의식적 실천도 전해진다. 이러한 방식은 신의 현존을 몸과 언어로 동시에 체험하려는 수피즘의 수행관을 보여준다.
　예멘의 수피 신학자 바알라위는 커피를 'qahwa ma'nawiyya', 곧 '영적인 음료'라 표현했고, 신의 계시와 통찰의 순간에 커피가 함께 한다고 믿었다. 커피는 이슬람 신비주의자들에게 단순한 각성제나 일상적인 음료가 아니라 신성한 교감의 통로이자 언어적 기도의 동반자였다.

이슬람 신비주의자들에게 커피는 입으로 마시는 음료이기 이전에, 마음의 문을 여는 열쇠이자, 신의 이름을 실어 나르는 영적 매체였다. 그 안에는 언어, 신앙, 몸, 정신이 하나 되는 총체적 수행의 개념이 깃들어 있다.

오늘날에도 이러한 정신적 활용은 티 세레모니, 명상, 요가 문화 속에서 '의식의 도구'로 계승되고 있으며, 커피는 다시금 현대적 감성 속에서 집중, 고요함, 연결의 상징이 되고 있다. 이는 커피가 단지 에너지를 주는 물질이 아닌, 내면의 침묵과 교류를 가능케 하는 언어적, 감각적 상징이라는 점을 시사한다.

Cultural Insight

커피를 나누는 행위는 단순한 나눔이 아니라 마음과 마음이 연결되는 깊은 교감의 순간이었다. 이 맥락은 오늘날 명상, 요가, 티 테라피 문화와도 연결된다.

수피즘에서는 커피 그 자체보다 '그 시간'이 중요했고, 이 감각은 현대인의 '커피 타임' 문화로도 계승되었다.

Creative Activity

- 나만의 커피 루틴'에 대해 써보고, 그것이 나에게 주는 감정이나 효과를 생각해보자.

CHAPTER 5

커피하우스의 탄생
토론과 지식의 공간

  17세기 런던의 커피하우스는 계층을 넘나드는 담론의 공간이었다.
  '페니 유니버시티(Penny University)'라는 표현은 누구든 1페니만 내면 신문을 읽고, 상인·정치가·지식인의 토론을 경청하거나 참여할 수 있다는 뜻이었다. 이 공간에서는 지식이 판매되는 것이 아니라, '말'과 '정보'가 자유롭게 순환되며 새로운 공동 감각이 형성되었다.
  1675년, 영국의 찰스 2세는 커피하우스를 '음모가 퍼지는 공간'이라 규정하며 폐쇄령을 내렸다. 하지만 커피하우스를 둘러싼 대중의 거센 반발로, 불과 11일 만에 이 명령은 철회된다. 이 사건은 커피하우스가 단순한 여흥의 장소가 아니라, 말과 정보의 힘이 살아 있는 공적 공간이었음을 입증한다.
  프랑스의 카페 프로코프(Café Procope)도 계몽주의의 심장부로 기능했다. 볼테르, 루소, 디드로, 콩도르세 등이 이곳에서 사유와 토론을 나눴으며, '자유', '평등', '진보'와 같은 개념이 커피 향기 속에서 무르익었다. 이러한 공간은 국가 권력이나 교회의 통제에서 상대적으로 자유로웠고, 언어를 통해 개인이 시민으로 태어나는 '공론장의 탄생'을 가능하게 했다.

커피하우스는 글보다 말이 살아 있는 곳이었다. 누구든 발언할 수 있었고, 그 말은 언론과 정치로 연결되었다. 이곳에서 언어는 계급과 신분의 벽을 넘는 도구였고, '발화의 평등성'이 실제로 구현된 드문 공간이었다.

커피는 고요한 몰입을 이끌고, 깊은 생각의 길을 열어주었다. 글을 쓰고, 창작하고, 대화를 나누는 모든 순간의 배경엔 커피가 있었다. 오늘날의 북카페, 창업 카페, 함께 일하는 공간, 도심 서점 등은 그 전통의 연장선에 있다. 한 잔의 커피는 지금도 질문을 던지고, 대화를 이끌며, 공동의 감각을 만들어내는 민주적 언어로 기능하고 있다.

커피하우스는 단지 지식인의 공간에 그치지 않았다. 이곳은 일상적 언어가 실천되는 장이었고, 다양한 계층이 한 공간에서 각자의 현실을 공유하는 희귀한 장이었다. 때로는 신문을 읽으며 시작된 소박한 이야기가 정치 논쟁으로 번지기도 했고, 낯선 이와의 대화에서 새로운 사업 구상이 나오기도 했다. 이러한 우연한 만남과 대화는 커피하우스만의 고유한 창조성이었다.

커피와 말이 오가는 이 공간은 감정, 생각, 비판, 연대를 동시에 품었다. 누군기의 질문이 또 다른 누군가의 해답이 되었고, 그 해답은 다시 새로운 질문을 낳았다. 바로 이런 순환이야말로 공론장의 본질이며, 커피하우스는 이를 가장 일상적인 방식으로 구현해낸 실천의 무대였다.

역사의 무대에서 태동한 커피하우스는, 이제 디지털과 지역 사회를 잇는 새로운 공론장으로 진화하고 있다. 그 이야기는 Chapter 15에서 다시 이어진다.

Cultural Insight

커피하우스는 일상의 소비 공간이 아니라, 생각과 말이 자라는 일상의 공론장이었다. 이곳은 신문과 책을 읽고, 토론하며, 새로운 아이디어를 교환하는 일상의 지식장이었고, 오늘날의 팟캐스트, 북클럽, 커뮤니티 라운지, 창업 카페와 같은 공간은 이러한 전통을 이어받고 있다.

'페니 유니버시티'라는 별칭은 커피 한 잔의 소비가 곧 정보 접근과 지식 나눔의 출발점이었음을 시사한다. 오늘날 카페에서 공부하고 회의하는 풍경이 익숙하게 느껴지는 이유는, 커피가 여전히 연결과 배움의 언어로 기능하고 있기 때문이다.

Creative Activity

- 내 주변의 '작은 페니 유니버시티'를 찾아 소개해보자.
- 카페, 공방, 도서관, 작은 서점 등, 대화와 배움이 오가는 공간이 있을까?
- 그 공간에서는 어떤 언어가 살아 있고, 어떤 사람이 모이나?

영어 표현 속 커피
언어에 남은 문화의 흔적

영어에는 커피를 중심으로 한 수많은 표현이 존재한다. 이는 단순히 커피라는 음료를 가리키는 것이 아니라, 감정, 생산성, 연결, 일상성 같은 현대인의 삶을 구성하는 중요한 의미망을 반영한다. 커피는 '먹는 것'이 아니라 '사는 방식'을 말하는 언어적 기호가 된다.

예를 들어, "Let's grab a coffee"는 문자 그대로 커피를 마시자는 의미를 넘어선다. 이는 누군가와 편안한 대화를 나누고 싶다는 관계의 초대이며, 때로는 낯선 사람과의 거리감을 좁히는 사회적 윤활제 역할을 한다. 이 표현은 데이트, 비즈니스 미팅, 화해의 제안 등 다양한 상황에 쓰이며, 커피를 상호작용의 상징으로 만든다.

또한 "Coffee break"는 단순한 휴식 시간이 아니라, 일과 일 사이의 리셋, 혹은 노동 속 인간성 회복의 시간으로 자리잡았다. 이는 커피가 어떻게 산업 사회의 리듬과 함께 언어에 녹아들었는지를 보여준다. 오피스 문화에서는 "Can we talk over coffee?"라는 표현이 '공식적이지 않은, 그러나 진지한 대화'를 제안하는 수단으로 쓰이기도 한다.

커피는 또한 감정과 기분의 상태를 묘사하는 데에도 동원된다. "I haven't had my coffee yet"은 '아직 정신이 덜 들었다'는 의미이고, "That's not my cup of coffee"는 무언가가 자신의 취향이 아님을 표현한다. 여기서 커피는 개인의 정체성, 기분, 선택의 상징이다.

정치적 맥락에서도 커피는 은유로 작동한다. 미국에서는 정치 뉴스나 사회 이슈를 가볍게 해설하는 프로그램에 'Sunday Coffee' 같은 이름이 붙고, 대중은 커피 한 잔 마시듯 뉴스와 이슈를 소비한다. 'Coffee shop liberal'이라는 표현은 겉으로는 진보적인 주장을 하지만 행동으로 실천하지 않는 사람을 비꼴 때 쓰인다. 이처럼 커피는 개인의 정치적 성향을 풍자하거나 정의하는 언어로도 사용된다.

디지털 시대에 접어들면서 커피는 SNS에서도 개인 브랜딩의 상징으로 자리잡았다. #morningcoffee, #butfirstcoffee 같은 해시태그는 단순한 일상을 공유하는 것이 아니라, '나는 커피와 함께 하루를 시작하는 삶을 사는 사람'이라는 자기 정체성 선언이다. 바쁜 도시 속 삶, 생산성과 여유의 균형, 세련된 라이프스타일이 커피 한 컷에 담겨 해시태그와 함께 유통된다.

이처럼 커피는 실물 상품을 넘어 하나의 담론적 은유체계로 기능한다. 그 안에는 현대인의 삶의 리듬, 정체성, 관계, 감정이 언어로 저장되어 있다. 언어는 문화를 품고, 커피는 그 언어의 매개다. 결국 커피는 '무엇을 마시는가'를 넘어, '어떻게 말하고 생각하는가'의 문제로 확장된다.

Language Insight

Let's grab a coffee = 대화와 교류의 시작, 상대에게 부담 없이 접근할 수 있는 언어적 장치

That's not my cup of tea = 선호하지 않는다는 뜻이지만, 공격적이지 않은 표현 방식 으로 영어권 문화의 간접성과 연결됨

Percolating ideas = 아이디어가 서서히 형성되는 과정을 은유적으로 표현

Coffee break = 단순한 휴식이 아니라 동료와의 네트워크 형성, 비공식 정보 교류의 시간

Full of beans = 에너지가 넘치는 상태

Wake up and smell the coffee = 현실을 직시하라는 뜻으로, 상황 인식의 전환을 요구하는 표현

Spill the beans = 비밀을 누설하다, '콩'을 통해 정보를 드러내는 은유

Brew up trouble = 문제를 만들어내다. brew라는 단어가 '일을 꾸미다'의 의미로 확장됨

Coffee is for closers = 경쟁에서 승리한 사람만이 보상을 받을 자격이 있다는 뜻 (영화 『Glengarry Glen Ross』에서 유래)

Cultural Insight

커피와 관련된 영어 표현은 단순한 음료 문화를 넘어, 현대 사회에서 언어가 감정과 정체성을 설계하는 방식을 보여주는 대표적인 사례다.

예를 들어 Let's grab a coffee는 단순한 음료 제안이 아니라, 관계의 문턱을 낮추고 심리적 거리를 좁히는 사회적 언어 장치로 기능한다. 특히 비즈니스 커뮤니케이션이나 세대 간 소통에서 '부담 없는 시작'을 여는 표현으로 전략적으로 사용되며, 공식성과 진정성 사이의 균형을 만들어낸다.

디지털 시대의 커피 언어는 텍스트, 이미지, 해시태그를 통해 감정과 라이프스타일을 압축적으로 보여주는 '시각적 언어'로 작동한다. 예를 들어 #butfirstcoffee, #coffeebreak 같은 표현은 단순한 소비 경험을 넘어, 일상의 리듬, 회복의 순간, 자기 정체성을 드러내는 디지털 감각의 언어적 전략이다.

결국 커피는 언어 속에서 감정과 관계를 매개하고, '어떻게 말할 것인가'를 넘어 '어떻게 보이고 싶은가'를 설계하는 현대적 은유로 기능한다. 이러한 표현들은 영어권 문화의 비공식성, 감성 표현, 자기 브랜딩 방식까지 포괄하며, 일상 언어를 통해 문화를 실천하게 만든다.

Creative Activity

- 실생활에서 사용되는 커피 관련 영어 표현을 3개 조사하고, 실제 맥락을 찾아 그 의미를 분석해보기
- 상황에 따라 "커피 한 잔 하자"는 말을 영어로 다르게 표현해보자!
  - 예 친구, 선생님, 소개팅 상대, 동료 등… 누구를 초대하느냐에 따라 달라질 수 있는 말투를 자연스럽고 예의 있게 연습해보기
- 내가 좋아하는 커피와 관련된 영어 표현을 활용해 짧은 자기소개 문장 만들기
- 카페에서 들을 수 있는 영어 표현을 직접 기록해보고, 그 표현들이 어떻게 사회적 관계 맺기에 사용되는지를 분석해보기

커피를 부르는 말, 나라별 감성 차이

 같은 커피라도, 각 나라의 언어와 문화적 맥락에 따라 전혀 다른 감정과 일상이 형성된다. 커피는 단지 음료가 아니라, 언어를 통해 감정, 정체성, 사회적 태도를 드러내는 문화의 감성적 거울이 된다.

 미국의 'coffee'는 아침을 깨우는 실용적 연료다. 출근길에 손에 든 테이크아웃 컵은 '일을 시작할 준비가 됐다'는 무언의 신호이자, 성과 중심 사회의 상징적인 도구다. 'refill', 'to go', 'morning rush' 같은 표현은 속도와 효율을 중시하는 미국 커피 문화의 키워드다. 마시는 행위보다 소비의 리듬이 중요한 이곳에서, 커피는 에너지와 시간 효율을 위한 필수품이 된다.

 반면, 프랑스의 'café'는 장소 그 자체를 의미하며, 커피는 사유와 여유의 매개체다. 파리의 카페 테라스에 앉아 천천히 커피를 마시는 그 순간은 단순한 소비가 아니라 존재방식의 표현이다. 프랑스어 'flâner'(거리에서 사색하며 걷다)라는 단어처럼, 커피는 멈춤과 관조의 미학이다. 철학자 사르트르와 보부아르가 생제르맹 카페에서 논쟁을 벌였던 것처럼, 프랑스의 커피는 사상과 문화가 스며드는 공간에서 음미된다.

이탈리아의 'espresso'는 강렬하지만 짧은 순간을 담고 있다. '빠르게 짜낸다'는 의미를 지닌 이 음료는 한 모금에 삶의 밀도를 압축한 듯하다. 에스프레소는 바에서 선 채로 빠르게 마시는 문화 속에서 탄생했고, 그 안에는 고도로 정제된 미각, 장인의 기술, 지역 공동체의 일상이 녹아 있다. 이탈리아에서 커피는 단지 음료가 아니라, 정체성과 삶의 리듬을 공유하는 사교적 의례다. 바리스타와 손님의 짧은 농담 한마디조차 공동체의 일부다.

일본의 '커히(コーヒー)'는 전통적인 차 문화와 절제의 미학 속에서 조용히 자리잡았다. 전통 다도(茶道)가 그러하듯, 일본의 kissaten(다방)은 조용한 음악, 정갈한 인테리어, 시간의 흐름에 집중하는 '여백의 미'를 구현한 공간이다. 일본의 커피는 '맛'보다는 분위기와 태도의 정제로 소비된다. 커피잔을 앞에 두고 흐르는 침묵은, 말보다 많은 것을 전하는 자기 성찰의 시간일 수 있다.

한국의 '아아'(아이스 아메리카노)는 디지털 세대의 속도감과 언어 감각을 담은 상징이다. 카페 메뉴판에는 없지만, 누구나 알고 있는 약어. 여름뿐 아니라 한겨울에도 '아아'를 외치는 현상은 단순한 트렌드가 아니라, 복합적인 감정의 언어화다. 한국인의 커피 문화는 단순함 속의 디테일, 규칙 속의 변칙, 그리고 혼잡한 일상에서의 최소한의 통제감을 드러낸다. '아아'는 이 사회의 아이러니하고도 유쾌한 감정을 응축한 짧은 기호다.

각 나라의 커피 표현과 감성은, 단지 음료 소비를 넘어 그 사회의 언어 감각, 삶의 리듬, 정체성 표현 방식을 보여준다. 언어는 문화를 담는 그릇이고, 커피는 그 안에서 발효되는 감성의 언어다.

Cultural Insight

언어는 커피를 단순히 지칭하는 수단을 넘어, 그 사회의 인간관계, 시간 감각, 정체성 표현 방식을 반영한다. 예컨대 영어권에서 커피는 빠르고 가벼운 만남의 표현이지만, 아랍권에서 커피는 여전히 환대와 의례의 핵심 요소로 작동한다. 손님을 맞이할 때 커피를 준비하는 것은 공동체와 명예, 존중을 상징하는 문화적 행위다. 이처럼 커피는 언어 속에서 속도와 여백, 효율과 정성, 사교와 사색이라는 전혀 다른 감정 구조를 담아낸다. 커피의 이름은 곧 문화의 얼굴이다.

Creative Activity

- 내가 방문했던 나라(또는 가상 설정된 나라)에서 커피가 어떤 방식으로 소비되고 불리는지를 리서치해 보기
- "커피"라는 단어 하나로 세계 지도를 만들어보는 활동 – 명칭, 쓰임, 음용 맥락 등 포함

CHAPTER 8

커피 주문과 언어의 눈높이

커피 한 잔을 주문하는 것은 단순한 말의 기능이 아니다. 그것은 관계의 거리, 예의의 기준, 사회적 위계를 반영하는 문화의 거울이다.

같은 주문이라도 표현 방식은 문화마다 다르다. 미국에서는 "Can I get a latte?"처럼 직접적이고 간결한 표현이 일상적이다. 이는 개인주의와 효율성을 중시하는 문화에서 자연스럽게 자리 잡은 언어 방식이다. 반면, 영국에서는 "May I have a latte, please?"처럼 정중하고 간접적인 표현이 선호된다. 이는 타인의 자율성과 공공 질서를 중시하는 문화적 가치관이 반영된 것이다.

한국에서는 "라떼 하나요"처럼 주어와 동사를 생략한 표현이 일반적이다. 이는 고맥락적(High-context) 문화에서 화자의 의도가 문맥에 의해 해석될 수 있다는 믿음, 그리고 간결하고 신속한 소통을 중시하는 태도와 맞닿아 있다. 이처럼 같은 커피 주문이라도, 사용하는 언어의 구조와 높낮이는 그 사회의 의사소통 스타일을 드러낸다.

일본에서는 "스미마셍, 라떼 하나 부탁드려요"처럼 말문을 열며, 사과나 양해를 구하는 표현으로 대화를 시작한다. 이는 관계 중심적이고 예의범절을 중시하는 일본의 커뮤니케이션 문화가 반영된 언어 관습이다. 주문하는 순간에도 상대에 대한 배려와 조화를 우선시하는 것이다.

한 문장의 주문 속에 담긴 언어의 높낮이는 곧 관계의 방식이다. 우리는 주문을 통해 단순히 음료를 요청하는 것이 아니라, 상대와 맺고 있는 사회적 거리를 표현하고 있는 셈이다.

커피 주문이라는 일상적 상황은 언어학적으로도 흥미롭다. 말하기의 주체는 누구이며, 요청은 얼마나 직접적인가, 상대를 배려하는 표현은 어디에 배치되는가. 이 모든 것이 커피를 둘러싼 사회적 상호작용의 미세한 단면을 보여준다. 간결함을 미덕으로 삼는 문화와, 정중함을 통해 안정된 질서를 유지하는 문화는 언어 사용에서도 그 차이를 분명히 드러낸다.

커피 한 잔을 어떻게 주문하는가는 단순한 습관이 아니라, 문화적 언어 감수성의 실천이다. 우리는 이 작은 언어 행위를 통해 사회적 맥락을 읽고, 자신이 속한 문화의 눈높이를 체화하고 있다.

 **Language Insight**

미국 영어: 직설적

"Can I get a tall latte?"처럼 get을 활용한 표현이 일반적이다. 이는 서비스 제공자와 소비자가 수평적 관계라는 인식에서 비롯된다. 효율성과 명확성을 중시하며, 주문은 빠르고 직접적인 요청(request)의 언어로 구성된다. 'get'은 물리적 소유보다 행동 중심 표현이라는 점에서 미국 문화의 실용성과 연결된다.

영국 영어: 간접적

"May I have a small flat white, please?"처럼 may, could, please와 같은 정중한 표현이 강조된다. 이는 영국의 간접 화행(indirect speech acts) 전통과 관련되며, 상대방의 자율성을 존중하고 지나치게 요구하지 않으려는 태도에서 비롯된다. 주문조차도 협력적 제안으로 구성되는 언어 문화다.

한국 영어: 맥락 중심적

"아아 하나요", "카푸치노 주세요"처럼 주어·동사 생략이 자연스럽고, 상황맥락으로 의미를 유추하는 고맥락(high-context) 화법이 특징이다. 또한 '라떼', '아메리카노' 같은 영어식 메뉴 이름들이 일상어가 되었고, 사람들은 영어 표현 자체보다 익숙한 틀 안에서 말하는 데 더 익숙하다. 주문은 '대화'라기보다 코드화된 요청 패턴에 가깝다.

Creative Activity

- 다양한 나라의 커피 주문 표현을 조사한 뒤, 정중함, 간결성, 친밀함 등 문화적 특성을 기준으로 분류해 보자.
    예 미국 "Can I get…"
    영국 "May I have…"
    일본 "스미마셍…"
    한국 "~하나요"

커피 메뉴판 속 영어 읽기
Latte vs. Flat White

커피 메뉴판은 단순한 음료 리스트가 아니다. 그것은 언어, 문화, 소비 취향, 세계화의 흐름이 교차하는 사회적 텍스트다. 스타벅스, 블루보틀, 폴 바셋과 같은 글로벌 커피 브랜드의 메뉴판을 보면 'Latte', 'Flat White', 'Cappuccino', 'Americano' 같은 용어들이 영어로 통일된 듯 보이지만, 그 배경과 의미는 문화적으로 매우 복잡하고 계층화되어 있다.

예를 들어, 'Latte'는 이탈리아어로 단순히 '우유'를 뜻하지만, 미국에서는 '에스프레소에 스팀 밀크를 더한 부드러운 커피'로 의미가 바뀌었다. 이제는 그냥 "라떼 한 잔이요"라고만 해도 카페 직원이 정확히 알아듣고 음료를 만들어줄 만큼, 'Latte'는 미국인의 익숙한 커피 문화로 자리잡았다.

반면, 'Flat White'는 호주와 뉴질랜드의 커피 문화에서 출발한 음료로, 풍부한 에스프레소에 얇고 부드러운 마이크로 폼을 얹은 것이 특징이다. 이 커피는 본래 지역 정체성을 담은 이름이었지만, 스타벅스를 통해 미국과 아시아로 역수입되며 글로벌 메뉴의 일부가 되었다. 이는 지역적 언어가 세계화되는 동시에, 본래 의미가 재구성되는 문화적 재배치의 사례다.

여기서 흥미로운 점은, 이 두 음료가 각기 다른 문화적 기원을 가졌음에도 글로벌 메뉴판 위에서는 '같은 항목 안에서 선택 가능한 옵션'처럼 나란히 배열된다는 것이다. 소비자의 눈에는 동일한 커피의 종류처럼 보이지만, 사실상 그 이름 하나하나에는 언어의 전이, 문화의 재배치, 권력의 균열이 숨겨져 있다.

글로벌 커피 브랜드는 메뉴판 언어를 통해 단순한 음료 설명을 넘어서, 각 지역 소비자에게 미묘하게 다른 라이프스타일을 제안한다. 미국에서는 'Latte'를 통해 부드럽고 감성적인 이미지를 강조하고, 아시아에서는 'Flat White'를 통해 트렌디한 소비 감각을 자극한다. 브랜드는 이 메뉴판을 '언어로 짜인 감성 지도'로 활용하며, 언어를 소비의 전략적 도구로 동원한다.

또한 소비자들은 이 언어를 통해 자신의 취향, 정체성, 계층적 감각을 수행한다. 'Pumpkin Spice Latte'를 주문한다는 것은 단순한 맛의 선택이 아니라, 계절 감정과 감성 소비를 언어로 표현하는 문화적 행위다. 메뉴판 속 단어는 음료명이 아니라, 삶의 방식과 정체성의 표지가 되는 셈이다.

한편, 이러한 브랜드 언어는 원래의 문화적 맥락을 지우기도 한다.

Flat White가 호주의 지역 감성을 반영했다는 점을 모른 채 소비되는 경우처럼, 글로벌화된 메뉴판은 언어의 출처를 탈맥락화시키는 동시에, 문화적 균열을 은폐하는 작용도 한다.

이처럼 커피 메뉴판은 그 자체로 하나의 언어학적 풍경이자, 문화적 권력이 배치된 텍스트다. 우리는 그 위에 적힌 단어들을 단순히 '무엇을 마실지'의 선택이 아니라, '어떤 문화와 라이프스타일을 내면화하고 수행할지'에 대한 질문으로 읽을 수 있어야 한다.

Language Insight

'Latte'는 본래 이탈리아의 가정식 표현에서 유래했지만, 미국에서는 감성적이고 여성적인 소비를 상징하는 상품명으로 자리잡았다. 'Pumpkin Spice Latte'처럼 계절적 감정마저 상품화된다. 이 표현은 이미 영어의 일부로 정착해, 원래의 이탈리아어 의미를 떠나 독자적인 '글로벌 영어'의 단어로 재탄생했다.

'Flat White'는 지역의 일상 언어였지만, 역수입(reimportation)을 통해 문화 자본으로 재탄생했다. 이 과정은 언어가 상품화되고, 브랜드를 통해 문화적 위계가 재구성되는 현상을 보여준다.

결국 메뉴판 속 커피 이름은 단지 음료명을 넘어, 언어의 세계화, 문화의 상품화, 정체성의 수행 방식을 압축해 보여주는 기호체계인 것이다.

Creative Activity

- 글로벌 커피 브랜드의 메뉴판(영문, 한글 버전)을 비교 분석하여, 각 음료 이름의 언어적 기원, 문화적 변형, 소비자 감성 유도 전략을 찾아보자.
- Latte, Flat White, Cold Brew, Macchiato 등의 용어를 중심으로 해당 단어의 기원, 변화된 의미, 소비자 인식을 조사해보고 짧은 문화 리포트를 작성해 보자.

CHAPTER 10

커피 브랜드의 언어

Starbucks, Blue Bottle, Hollys

　오늘날 커피 브랜드는 단순히 음료를 파는 것을 넘어, 소비자가 '어떻게 말할 것인지'를 설계하고, 그 언어를 통해 브랜드 안의 문화를 구축한다. 메뉴판에 적힌 단어, 매장 안의 안내 문구, 광고 속 표현까지, 모든 요소는 브랜드의 세계관을 실현하는 언어적 장치다. 브랜드는 단어를 선택하고 배치하는 방식으로 자사의 정체성, 소비자에게 요구하는 태도, 추구하는 라이프스타일을 암묵적으로 전달한다.

　대표적으로 스타벅스는 'Tall', 'Grande', 'Venti'라는 고유한 사이즈 명칭을 통해 소비자에게 브랜드 언어를 '배우고 말하게' 한다. 이 용어들은 단순한 용량 구분이 아니라, 스타벅스 언어를 배우고 수행하게 만든다. 이는 단순한 음료 크기 표기가 아니라, 브랜드 안으로 들어왔다는 사회적 통과의례다. 낯선 단어를 외우고 말하는 행위 자체가 고유한 소속감과 일종의 고급스러움을 수행하게 한다. 대부분의 커피 전문점이 'Small', 'Medium', 'Large' 같은 직관적 명칭을 쓰는 것과 달리, 이러한 언어의 독자성은 스타벅스가 제공하는 '일상 속 프리미엄'이라는 정체성을 소비자가 스스로 수행하게 만든다.

이에 비해 블루보틀은 정반대의 언어 전략을 취한다. 이 브랜드는 'Drip', 'Latte'처럼 짧고 절제된 Simple English만을 사용하며, 설명보다 여백과 분위기로 말하는 방식을 택한다. 광고 문구, 매장 안내, 패키징까지 말을 덜어냄으로써 "Less is More"라는 미학적 철학을 언어로 구현하고, 소비자가 커피 자체에 집중하게 만든다. 말하지 않음으로 말하는 브랜드다. 블루보틀의 언어는 소비자의 상상력과 미각에 더 많은 해석의 여지를 남기며, '직접 느껴보라'는 감각 중심의 경험을 유도한다.

한국의 대표 브랜드 할리스(Hollys)는 영어 브랜드명을 유지하면서도 광고와 매장 커뮤니케이션은 전면 한국어 중심으로 구성한다. '일상 속 여유', '따뜻한 한 잔'처럼 감성적이고 정서적인 표현을 통해 소비자에게 정서적 편안함과 친숙함을 제공하며, 외국어 브랜드명에서 오는 세련된 이미지와 한국어 표현의 감성 사이에서 균형을 잡는다. 고급스러움과 친밀감이 공존하는 이중전략을 통해, 한국 소비자에게 정서적 신뢰와 트렌디함을 동시에 제공한다. 특히 SNS 콘텐츠나 시즌 한정 제품 명칭에서도 한국어의 감성어휘가 중심을 이루며, 사용자 중심의 소통 언어를 적극적으로 개발하고 있다.

또한 일부 독립 커피 브랜드들은 지역성과 개성을 살린 언어 전략으로 차별화를 시도한다. 예를 들어, 제주에서만 쓰이는 방언을 커피 이름에 활용하거나, 매장 내부에 지역사투리로 된 안내 문구를 붙이기도 한다. 브랜드 언어는 이제 단순한 커뮤니케이션을 넘어, 공간 정체성과 지역 공동체 감수성까지 담아내는 확장된 텍스트로 기능하고 있다.

한 걸음 더 나아가, 커피 브랜드의 언어는 단지 음료를 설명하는 수단이 아니다. 그것은 브랜드의 철학, 소비자 정체성, 지향하는 문화 감각이 응축된 세계관의 언어다. 소비자는 커피를 주문하는 순간, 특정한 말투와 단어를 사용하며 그 브랜드가 설계한 언어적 질서에 참여하게 된다. 커피의 맛을 고르는 것은 취향의 선택을 넘어, 세계관의 언어를 익히고 자신의 라이프스타일을 표현하는 문화적 실천이 된다.

한 사람이 "Tall Latte"라고 말하는 순간, 그는 스타벅스가 설계한 언어 질서 속에 들어가 있다. 또 다른 이는 "그냥 아아요"라고 말하며, 지역성과 감각, 속도와 정체성을 동시에 담는다. 언어는 브랜드의 표면이 아니라, 그 브랜드를 살아가는 방식을 수행하는 수단이다.

Language Insight

브랜드	언어적 특징	핵심 메시지 요약
Starbucks	고유한 사이즈 용어 (Tall, Grande, Venti) 사용	익숙함을 일부러 비껴가며, 브랜드 내부자의 언어를 형성. 소비자가 '배우는 언어'를 통해 참여자이자 신뢰자가 됨.
Blue Bottle	단순하고 절제된 어휘, 설명 없는 메뉴 구성	말의 수를 줄이며, 언어보다 분위기와 미감으로 정체성을 전달. '침묵의 언어'를 브랜드 자산으로 활용.
Hollys	영어 브랜드명 + 감성적 한국어 커뮤니케이션	외래어 브랜드의 거리감을 한국어 정서로 완충, 소비자에게 익숙한 세련됨과 부드러운 정체성을 동시에 제안.

Creative Activity

- 언어를 통해 브랜드가 어떤 정체성을 구축하는지 분석하자.
- 한 브랜드의 광고 문구를 다른 브랜드 스타일로 바꿔 써보기.
  예 스타벅스 광고를 블루보틀 스타일로 바꾸면 어떻게 될까?

CHAPTER 11
커피 광고 속 영어 표현과 문화 코드

광고는 종종 제품보다 언어를 먼저 소비하게 만든다. 특히 커피 광고에서 영어는 단순한 설명을 넘어 감정, 정체성, 삶의 방식을 설계하는 감각의 언어로 작동한다.

"Awaken Your Senses", "Brewed for the Bold", "Find Your Flavor" 같은 슬로건은 커피를 단순한 음료가 아닌 라이프스타일과 자기 표현의 상징으로 변모시킨다. 브랜드는 문장을 통해 제품이 아니라 '경험'을 판매한다. 이때 감정을 표현하는 형용사, 동사, 그리고 감성어의 조합은 강력한 이미지 환기를 일으킨다. 예컨대, "Bold Flavor. Crafted Fresh."는 대담한 개성과 장인의 정성이 담긴 신선함을 동시에 암시하며, 단어 선택만으로도 특정 소비자 정체성을 형성한다.

광고 문장은 종종 문법적으로 완전한 문장이 아니라 단어 조합으로 구성되며, 이는 '비문법적 전략'으로서 감정의 직접 자극을 목표로 한다. 영어권 소비자뿐 아니라 비영어권에서도 이 전략은 효과적으로 작용한다. 실제로 "Recharge your day", "Soothe your soul", "Indulge in smoothness" 같은 표현은 커피를 감정 조절의 도구로 인식하게 만든다.

광고 언어는 형용사, 동사, 감성어 조합을 통해 단순한 문장보다 더 강력한 감정 메시지를 전달하며, 언어적 리듬과 시각적 이미지로 소비자 기억에 각인된다.

브랜드별로 언어 전략은 상이하다. 스타벅스는 "Your Coffee, Your Way", "Make it Yours"처럼 다양성과 자기표현을 강조하는 감성 언어를 중심으로, 소비자에게 '자신만의 선택' 권리를 부여한다. 반면 맥카페는 "Good Coffee. Great Value."처럼 직관적 언어로 접근성을 강화한다.

비영어권에서는 영어 표현이 더 이상 정보 전달이 아닌 '이미지 언어'로 작용한다. 일본의 조지아 커피 광고 "Take a break"는 여유와 리듬의 미학을 전하며, 한국에서는 "Start your day right", "For your perfect moment" 같은 영어 슬로건 뒤에 감성적 한글 내레이션을 덧붙여 정서적 공감대를 형성한다.

Language Insight

광고 슬로건은 문법적 정확성보다 감각과 리듬이 우선이다. 형용사 (Bold, Smooth), 감정동사(Recharge, Awaken, Indulge) 조합은 한 문장에 정체성과 라이프스타일 메시지를 압축한다. 이때 영어는 말이 아니라 문화 코드로 작동하며, 브랜드 철학과 소비자 감정 사이의 다리 역할을 한다.

> **Creative Activity**
>
> - 커피 광고 슬로건을 수집하고, 형용사-동사-감성어 구조로 분석해보자.
>   예 "Brew Boldly, Live Fully."
> - 비영어권 커피 광고에서 영어 표현이 어떤 이미지로 소비되는지 조사하자.

광고 속 언어는 단어 그 자체보다 '느낌'을 판다. 문법적 완성도나 정보 전달보다 중요한 것은, 그 말이 어떤 이미지를 떠올리게 하느냐, 어떤 감정을 자극하느냐다. 커피 광고 속 영어 표현은 이처럼 감각의 언어로 작동하며, 소비자에게 '어떤 커피를 마실 것인가'가 아니라 '어떤 기분으로 하루를 살 것인가'를 묻는다. 결국 광고 언어는 제품을 설명하는 것이 아니라, 삶의 한 장면을 설계하는 문장이 된다. 커피 광고 속 영어는 감정을 디자인하고, 라이프스타일을 제안하는 문화적 언어다.

영화 속 커피 장면 해석하기
대사, 상황, 감정의 언어

    커피는 영화 속에서 단순한 소품이 아니라, 감정을 번역하고 서사를 조율하는 장치로 작동한다. 컵 하나, 한 모금, 혹은 그 안에 담긴 침묵은 때로는 관계의 균열을 예고하고, 말보다 먼저 감정을 암시하고, 때로는 관계의 균열이나 화해의 가능성을 보여주는 감정적 전조로 등장한다. 커피는 말을 대신하는 '무언의 언어'로 기능하며, 관객은 그 커피를 사이에 둔 인물들의 거리와 온도를 자연스럽게 읽어낸다.

    예를 들어, 영화 『비포 선라이즈(Before Sunrise)』에서는 두 주인공이 빈 카페에 앉아 커피를 마시며 서로의 삶을 조심스레 공유하는 장면이 등장한다. 커피는 즉각적인 친밀감의 상징이 아니라, 감정이 조금씩 스며들 여백을 제공하는 매개체다. 『인턴(The Intern)』에서는 맷(Matt)이 벤(Ben)을 처음 만나는 순간, "I just made some coffee. Could be a while."라고 말하며 부담 없이 말을 건넨다. 이렇게 커피를 매개로 한 가벼운 환대의 말은 세대 간의 간극과 변화된 소비 문화를 유쾌하게 드러내며, 커피라는 일상적 요소를 통해 인물 간 신뢰가 조용히 쌓이는 과정을 그린다.

『노팅 힐(Notting Hill)』에서는 주인공이 들고 있는 커피 한 잔이 서툰 호의와 미묘한 관심의 시작점이 된다. 컵을 건네는 행위는 단순한 친절을 넘어, 감정을 조심스럽게 건네는 행위로 읽힌다. 반면 『기생충』에서 등장하는 고급 커피 머신은 상류층의 취향과 계급적 여유를 상징한다. 커피는 여기서 감정 표현보다는 '계급 감각의 언어'로 작용하며, 말보다 선명하게 사회적 위계를 드러낸다.

『이터널 선샤인(Eternal Sunshine of the Spotless Mind)』에서는 두 연인의 기억이 사라지는 와중에도 반복적으로 커피 장면이 등장한다. 이때 커피는 기억의 흔적이자 감정의 고리로 작용하며, 사라지지 않는 감정의 잔여물을 은유적으로 표현한다. 마시는 손의 떨림, 식어가는 잔의 온도, 남겨진 컵의 위치처럼, 커피는 '무언의 언어'로 작동한다.

이렇듯 영화 속 커피는 인물의 감정, 관계의 흐름, 서사의 전환을 조용히 관통한다. 인물 간 거리를 좁히기도 하고, 반대로 간극을 드러내기도 한다. 무엇보다 중요한 것은, 커피가 언어 이전의 감정을 번역해 관객에게 전달한다는 점이다. 컵을 드는 타이밍, 함께 마시는 침묵, 잔을 내려놓는 위치까지 커피는 대사보다 섬세하게 감정의 결을 전하는 번역기이자, 감정이 튀지 않도록 조절해주는 완충 장치로 작동한다.

Iconic Coffee Moments in Film

1. Before Sunrise (1995)

Céline: "Coffee is just an excuse. In the West, it's what people do when they want to be together but not have to say anything."

→ 커피는 낯선 사람 사이에 자연스럽게 자리를 만드는 빌미가 된다. 대화를 시작하기엔 너무 갑작스럽고, 아무 말 없이 앉아 있기엔 어색한 순간. 그 틈을 채우는 것이 커피다. 말보다 먼저 공유되는 건 시간이고, 그 시간의 온도를 맞추는 장치로 커피가 등장한다.

2. The Intern (2015)

Matt: "I just made some coffee. Could be a while. I'm Matt."

→ 이 짧은 말 속에는 사회적 거리감 해소, 예상보다 늦어질 수 있는 상황에 대한 배려, 그리고 예의 있는 첫인사가 담겨 있다. 여기서 커피는 단순한 음료가 아니라, 낯선 사람에게 편안함을 제안하는 도구, 가정이라는 사적 공간에 누군가를 부드럽게 초대하는 완충 장치로 기능한다.

3. You've Got Mail (1998)

Joe: "The whole purpose of places like Starbucks is for people with no decision-making ability whatsoever to make six decisions just to buy one cup of coffee."

→ 스타벅스에서 커피를 주문하는 과정은 단순한 소비가 아니다. 크기, 우유 종류, 카페인 여부, 온도, 거품 유무까지 수많은 선택이 기다린다. 이 장면은 그런 선택의 반복이 현대인에게 작은 통제감을 준다고 말한다. 세상에 휘둘리는 대신, 내 커피만큼은 내가 고른다는 위안. 커피는 그렇게 정체성과 일상의 균형을 연습하는 도구가 된다.

4. The Devil Wears Prada (2006)

Emily: "I want one no-foam skimmed latte with an extra shot… and three drip coffees with room for milk. Searing hot. And I mean hot."

→ 여기서 커피는 취향이나 여유와는 거리가 멀다. 이 대사는 커피가 직장 내 위계질서와 감정 억제의 상징으로 사용되는 장면이다. 커피의 온도, 거품, 샷 수는 곧 완벽을 요구하는 상사의 기준이다. '뜨거운 커피'는 단지 온도가 아니라, 실수를 허용하지 않는 긴장감의 다른 이름이다

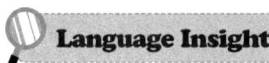
Language Insight

커피가 등장하는 순간은 보통 중요한 관계의 전환점과 연결되어 있다. 고백, 재회, 이별, 화해처럼 감정이 오가는 장면에서, 사람들은 종종 말 대신 행동이나 분위기로 마음을 표현한다. 이때 커피는 중요한 역할을 한다. 잔을 드는 손의 모양, 마시는 속도, 테이블에 남겨진 컵의 위치 같은 사소한 행동들이 모두 그 사람의 감정을 보여주는 비언어적(Nonverbal) 표현이 된다. 말로 직접 드러내지 않아도, 우리는 이런 행동을 통해 마음을 읽을 수 있다. 커피는 이렇게 감정을 돌려서 부드럽게 전하게 해주는 언어처럼 작동하는 도구다. 말과 말 사이의 여백을 채워주고, 대화의 감정을 조절해주는 역할을 한다.

Creative Activity

- 영화 속 인상 깊은 커피 장면을 떠올려보고, 해당 장면에서 인물의 감정을 '언어 없이' 어떻게 전달했는지 분석해보기. 컵을 드는 타이밍, 눈빛, 커피 온도, 손의 떨림 등 비언어적 요소를 중심으로 정리해보자.
- 커피가 등장하는 영화 대사만 모아 짧은 대본을 구성한 뒤, 각 대사 옆에 감정 라벨을 붙여보자. (예 불안, 거리감, 설렘, 지루함, 위압감 등)

CHAPTER 13

커피에 담긴 정체성

당신의 커피 취향은?

커피는 단순한 기호품을 넘어, 삶의 방식과 나를 설명하는 언어가 되었다. 아침 출근길 손에 든 테이크아웃 컵, 오후 햇살 아래 천천히 즐기는 핸드드립, 회의 중 무심코 마시는 믹스커피, 이들 모두는 각자의 생활 리듬과 감각을 말없이 보여준다.

'나는 어떤 커피를 마시는가'는 곧 '나는 어떤 리듬으로 살아가는가'라는 질문이다.

아메리카노는 단정하고 간결한 선택 같지만, 그 안에는 집중력과 절제, 또는 내면의 긴장감이 스며 있을 수 있다. 라떼를 즐기는 사람은 부드러운 위로와 작은 여유를 소중히 여길 가능성이 높다. 드립 커피를 고집하는 이들은 스스로 선택한 원두와 방식에서 오는 일관성과 자기 확신을 중요하게 여긴다.

취향은 단순한 선택이 아니라, 세계를 대하는 나의 태도이기도 하다. 누군가는 공정무역 커피를 선택하며 윤리적 소비를 실천하고, 누군가는 블루보틀 같은 브랜드에서 미니멀한 감각을 추구한다. 믹스커피를 고르는 이는 익숙함과 속도를 선택하며, 복잡한 세상에서의 일종의 안정감을 추구한다. 이런 선택의 이유는 단지 맛이 아니라, 사고방식과 삶의 전략을 비추는 거울이 된다. 취향의 언어는 말보다 섬세하고, 말보다 진실하다.

사람들은 자신의 감정을 직접 표현하는 것보다, 자신이 고르는 커피 한 잔을 통해 자신을 보여주기도 한다. "늘 진한 아메리카노만 마셔요"라는 말 속에는, 그 사람의 기분, 루틴, 혹은 삶의 긴장감까지 담겨 있을 수 있다. 커피는 그렇게 소소한 선택을 통해 나를 번역해주는 기호가 된다.

더 흥미로운 점은, 이 취향이 언어로 표현될 때 비로소 완성된다는 사실이다. "I'll have a tall soy latte with an extra shot, to go." 같은 문장은 단순한 주문을 넘어 자신의 감각과 리듬을 영어로 설명하는 방식이 된다. 누군가는 그 문장을 말하는 순간, 자신의 하루를 세팅하고, 하루의 톤을 정한다. 커피 주문은 일종의 문화적 자기소개가 되며, 언어를 통해 정체성을 구체화하는 훈련이 된다.

또한 영어라는 언어 자체가 개인의 감각을 더 섬세하게 드러낼 수 있는 도구가 되기도 한다. "Something smooth but strong, no sugar please."라는 말은 단순한 취향 이상이다. 그 문장 속엔 오늘 하루를 버텨내는 마음가짐, 혹은 일관된 자신감이 담겨 있다. 영어를 쓰는 순간, 우리는 스스로를 조금 더 객관화하고, 감정을 리듬감 있게 정돈하게 된다. 이런 언어적 표현은 단지 커피 취향을 넘어, 나를 새롭게 인식하는 기회가 되기도 한다.

우리는 커피를 통해 나를 조율하고, 감각을 번역하며, 나다움을 설계하고 있는 것이다. 그렇기에 커피는 음료이자 언어이고, 나를 표현하는 스타일이 된다. 취향을 묻는 것은 결국, 내가 누구인지, 어떤 감각을 중요하게 여기는 사람인지를 묻는 일이 된다. 커피는 그렇게, 나와 세상을 잇는 조용하고 진한 언어다.

 Language Insight

I take it black. → 나는 블랙으로 마셔요.

(단호하거나 절제된 성격을 암시)

Can I get a decaf with oat milk? → 디카페인에 오트밀크로 주세요.

(건강, 윤리적 선택, 섬세함이 묻어남)

I need something strong today. → 오늘은 진한 게 필요해요.

(심리 상태, 하루의 강도와 연결)

This coffee feels like a warm hug. → 이 커피는 포근한 위로 같아.

(감정과 취향이 만나는 지점)

My usual? A double shot americano, no sugar.

→ 평소처럼? 진한 아메리카노, 무가당이요.

(익숙함, 일관성, 군더더기 없는 태도)

I'm a flat white person. Balanced, no fuss.

→ 나는 플랫화이트 스타일. 균형 있고, 군더더기 없는.

(자기 인식을 직접 설명하는 언어적 정체성 표현)

 **Cultural Insight**

커피는 단순한 음료를 넘어, 현대인의 '취향 자아'를 드러내는 하나의 문화적 상징이다. 브랜드, 사이즈, 추출 방식까지 선택의 언어는 곧 정체성의 언어이며, 동시에 한 사회의 소비 감각과 미적 기준을 반영한다. 누군가는 습관처럼 늘 같은 메뉴를 고르고, 또 누군가는 기분이나 상황에 따라 커피를 바꾼다. 이 선택의 패턴은 개인의 리듬, 감각, 관계 맺기 방식뿐 아니라, 세대나 문화권에 따라 달라지는 태도 역시 보여준다. 자주 마시는 커피가 단 하나뿐이라면 그것은 일관성이고, 그날그날 다르다면 유연함이다. 어떤 커피를 고르느냐는 결국 '내가 어떤 삶을 살고 싶은가', 혹은 '내가 어떤 사람으로 보이고 싶은가'에 대한 문화적 자기표현이기도 하다.

영어로 나의 커피 취향을 설명해보는 일은, 언어 학습을 넘어 낯선 문화 속에서 자신을 새롭게 묘사해보는 경험이다. 이 과정을 통해 우리는 단순히 영어 표현을 익히는 것을 넘어서, '나는 어떤 감각과 문화 속에 있는 사람인가'라는 질문을 스스로에게 던지게 된다.

Creative Activity

- Introduce Yourself through Coffee
- 가족, 친구, 다른 문화권 사람의 커피 습관을 영어로 소개해보고, 세대차이, 문화 차이를 비교해보자.

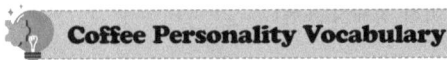

Coffee Personality Vocabulary

bold 대담한	mellow 부드러운
quirky 독특한	comforting 위로가 되는
intense 강렬한	smooth 깔끔한
lively 활기찬	thoughtful 사려 깊은
strong but sweet 강하지만 다정한	bitter but honest 씁쓸하지만 진실한

예시 문장

"My coffee is mellow, thoughtful, and always there when I need it."

"My coffee knows boundaries. It doesn't spill."

"Mine? Smooth but never boring."

커피 한 잔은 당신을 말한다. 그리고 당신이 세상과 연결되는 방식을 보여준다. 무심히 고른 메뉴 속에도 삶의 리듬이 있고, 한 잔의 주문에도 언어적 정체성이 녹아 있다. 이제 우리는 커피라는 일상의 콘텐츠를 통해, 영어와 문화, 말과 감각, 그리고 '나'라는 사람을 다시 읽어 보기 시작했다.

세계 커피 문화와 영어 표현

　각 문화권에서 커피는 단순한 기호음료가 아니라, 삶의 방식과 사람들 사이의 관계를 드러내는 중요한 요소로 자리 잡아 왔다. 에티오피아의 전통 세리머니에는 공동체의 정성과 환대가 스며 있고, 터키에서는 천천히 끓여낸 커피 한 잔에 유머와 예언, 그리고 새로운 관계의 시작이 담긴다.

　이탈리아의 에스프레소 문화는 빠른 리듬 속에서도 예절과 집중을 잃지 않으려는 태도를 보여주며, 브라질의 카페지뉴는 작지만 진한 친밀감의 상징으로 작용한다.

　한국의 믹스커피는 빠른 일상 속 정서적 유대와 배려의 표현으로 자리잡았고, 이러한 문화적 차이는 커피를 둘러싼 영어 표현에도 자연스럽게 반영된다.

에티오피아는 커피의 고향으로 불린다. 이곳에서는 '제베나 부나(jebena buna)'라 불리는 전통 커피 세리머니가 오늘날에도 일상적으로 이어진다. 생두를 직접 볶고, 절구로 빻아, 전통 도기인 제베나에 넣어 천천히 우려내는 과정은 공동체의 시간을 존중하는 예술적 행위로 여겨진다. 커피는 세 번에 걸쳐 나누어 마시며, 각 라운드는 점점 연해지지만 대화와 교감은 깊어진다.

가장 어린 아이가 먼저 어른에게 커피를 따라드리는 관습은 세대 간 존중과 전승의 의미를 담고 있으며, 의식에는 항상 따뜻한 인사와 환대의 말이 오간다.

영어로 표현하면 "Please, have a seat and join us for coffee.", "Let's share a cup and talk about our day."와 같은 말이 자연스럽게 쓰인다.

'Buna Tetu(커피를 마시자)'는 단순한 권유가 아니라, 함께하는 삶의 가치를 제안하는 말이다.

터키 커피는 유네스코 인류무형문화유산에 등재되어 있다. 곱게 간 커피를 제즈베(cezve)라는 작은 냄비에 넣고 천천히 끓여내며, 커피 찌꺼기는 잔 바닥에 남긴다. 커피를 마신 뒤 잔을 뒤집어 찌꺼기의 모양으로 미래를 점치는 '팔(fal)' 문화도 여전히 이어지고 있다.

또한, 결혼을 앞둔 신부가 시댁 식구에게 커피를 내리는 의식도 중요한 전통이다. 이때 신부가 일부러 커피에 소금을 넣는 장면은 단순한 장난을 넘어, 유머와 배려, 새로운 가족 관계를 여는 상징적인 행위로 간주된다.

Would you like your coffee sweet or bitter? 손님을 향한 세심한

배려가 담겨 있고, Let me read your fortune after we finish.라는 말에는 팔(Fal) 문화 특유의 신비로움이 배어 있다. 터키에서는 커피를 대접하는 행위 자체가 존경과 우정의 표현이며, 커피를 함께 마시며 나누는 대화는 깊고 친밀하다. "한 잔의 커피는 40년의 우정을 만든다"는 터키 속담은, 커피가 사람과 사람 사이를 잇는 상징적 언어임을 잘 보여준다.

이탈리아의 커피는 형식보다 리듬과 규칙을 중시한다. 바(bar)에서 에스프레소를 서서 마시는 풍경은 일상적이다. 아침에는 카푸치노, 낮 이후에는 에스프레소만 주문하는 관습이 이어진다. 모든 것이 짧고 빠르지만, 그 안에 정해진 질서와 암묵적 예절이 깃들어 있다. Un caffè, per favore. For here or to go? Enjoy your coffee!와 같은 간단한 표현은 이탈리아 커피 문화의 일상적 대화를 대표한다. 에스프레소를 마시기 전 물 한 잔으로 입을 헹구는 예절, 설탕을 넣는 방식, 숟가락 사용법 등 세심한 규칙이 존재한다. 설탕은 미리 넣되 저어 마시지 않는 방식도 흔한데, 이는 쓴맛과 단맛 사이의 미묘한 조화를 즐기려는 미각 문화로 여겨진다. 이탈리아에서 커피는 단순한 음료가 아니라 하루의 리듬과 사회적 관계 형성의 핵심 요소로 작동한다. 사회적 인사와 짧지만 강렬한 만남의 상징으로 기능한다.

브라질의 '카페지뉴(cafezinho)'는 작은 잔에 담긴 진한 커피로, 손님을 맞이할 때 반드시 내놓는 환대의 상징이다. 카페지뉴는 종종 무료로 제공되며, 커피를 통해 사람들 사이의 따뜻한 연결이 이루어진다. Would you like a cafezinho? Please, come in and have some coffee.와 같은 표현은 브라질인의 환대 문화를 보여준다. 커피를 함께 마시는 순간은 친구가 되는 첫걸음이 된다. 브라질에서 커피는 낯선 이와도 금세 친해질 수 있는 대화의 매개체로 기능한다.

한국에서도 커피는 단순한 기호식품을 넘어, 일상과 관계의 중요한 매개체로 자리 잡았다. 19세기 말 처음 전해진 이후, 다방 문화와 인스턴트 커피를 거쳐 오늘날에는 프랜차이즈와 독립 카페가 도시 곳곳에 퍼져 있다. 이 가운데 특히 한국인의 입맛에 맞춘 달콤하고 부드러운 믹스커피는, 커피·프림·설탕을 한 번에 타 마시는 간편함과 따뜻한 정서로 오랜 시간 사랑받아왔다. 크림2, 설탕2, 커피2처럼 각자의 취향에 맞게 비율을 조절해 타주는 문화는 단순한 기호의 문제가 아니라, 상대를 배려하고 기억하는 정서적 소통 방식으로 기능했다.

커피 한 잔 하실래요?라는 말에는 함께 시간을 나누고 관계를 이어가고자 하는 한국 특유의 정이 담겨 있으며, 회의 전 믹스커피를 대접하거나 낯선 이에게도 커피를 건네는 이런 작은 마음씀씀이는 소소하지만 따뜻한 환대의 표현으로 여겨진다. 영어로는 "Can I get you a coffee?", "I'll fix you a cup.", "Let's take a quick coffee break." 같은 표현이 자연스럽게 사용되며, 커피를 중심으로 한 배려와 소통의 문화가 한국 사회에도 깊이 뿌리내리고 있다.

이처럼 커피 의식은 그 나라의 사회적 가치, 시간 감각, 인간관계에 대한 태도를 반영한다. 일본에서는 커피와 다도가 만난 조용하고 정갈한 분위기가 형성된다. 프랑스에서는 카페 문화와 크루아상, 느긋한 아침 풍경이 일상을 이룬다. 미국에서는 테이크아웃 커피와 대용량 머그, 자유로운 분위기가 특징으로 자리 잡는다. 각기 다른 커피 의식 속에서 오가는 영어 표현은, 단순한 주문을 넘어 문화적 태도와 정서를 전한다.

"Come join us for coffee.", "Pull up a chair." 같은 짧은 말 속에 환대, 예의, 유대감이 자연스럽게 담겨 있다.

커피를 통해 언어를 배우는 것은 단어를 외우는 일이 아니라, 삶의 문맥을 이해하는 일이다.

 **Language Insight**

- **Would you like to join our coffee ceremony?**

함께 커피를 나누자는 초대의 말로, 에티오피아 등에서 공동체의 평등과 환대를 상징한다.

→ 이 표현은 손님에 대한 존중과 공동체 참여의 가치를 언어로 드러낸다.

- **Please, have a seat and enjoy some coffee with us.**

자리에 앉아 커피를 함께 하자는 말은 손님을 대접하는 예의와 따뜻한 환영의 마음을 담고 있다.

→ 이 말은 커피 한 잔을 통해 관계를 시작하고, 대화를 여는 문화적 관습을 잘 보여준다.

- **Let's share a cup and talk about our day.**

커피를 나누며 하루를 이야기하자는 이 표현은 소통과 일상 공유, 관계 형성의 상징이다.

→ '공유'와 '교감'을 중시하는 문화적 맥락을 언어로 자연스럽게 표현한다.

- **How do you take your coffee?**

커피를 어떻게 마시는지 묻는 질문은 취향을 존중하고, 상대방의 선택을 배려하는 태도를 보여준다.

→ 사소한 질문처럼 보이지만, 친밀감을 형성하는 대화의 시작점이 된다.

- **Would you like it sweet or bitter?**

단맛과 쓴맛 중 어떤 것을 원하는지 묻는 말은 선택의 자유를 주고, 손님을 세심하게 배려하는 문화적 예절을 반영한다.

→ 이 표현은 단순한 서비스가 아니라, 타인의 취향을 존중하는 대화의 기술이다.

- **Let me read your fortune after we finish.**

커피를 다 마신 뒤 점을 봐주겠다는 이 표현은 터키 커피 문화의 신비로움과 대화의 여운을 담고 있다.

→ 대화를 놀이와 전통으로 확장시키는 터키식 소통의 방식이 반영된 표현이다.

- **Un caffè, per favore.**

이탈리아에서 커피 한 잔을 주문할 때 쓰는 간결한 표현으로, 일상의 리듬과 사회적 인사의 역할을 한다.

→ 짧지만 격식 있는 표현은 이탈리아 커피 문화의 간결함과 속도감을 상징한다.

· **For here or to go?**
가지고 갈지, 여기서 마실지 묻는 말은 소비 방식의 다양성과 속도, 현대적 커피 문화의 특징을 보여준다.
→ 현대 도시 생활에서의 선택의 자유와 이동성(mobility)을 반영한 표현이다.

· **Enjoy your coffee!**
커피를 맛있게 즐기라는 짧은 인사는 일상 속 친밀감과 배려의 마음을 전하는 표현이다.
→ 단순한 인사처럼 들리지만, 상대방에 대한 호의와 여유를 담고 있다.

· **Would you like a cafezinho?**
브라질에서 작은 커피 한 잔을 권하는 이 말은 환대와 친밀함, 대화의 시작을 상징한다.
→ '카페지뉴'는 브라질식 환대와 사교의 핵심 상징이며, 이 표현은 그 문을 여는 열쇠다.

· **Please, come in and have some coffee.**
집이나 가게로 손님을 초대하며 커피를 권하는 표현으로, 따뜻한 환영과 공동체 의식을 드러낸다.

→ 이 문장은 단순한 초대를 넘어, 공동체 속으로의 편안한 초입을 제안한다.

 Cultural Insight

세계 각국의 커피 의식에는 타인을 존중하고, 차이를 넘어 어울리며, 마음을 나누는 방식과 같은 핵심 가치가 담겨 있다. 커피를 함께 나누는 행위는 대화의 문을 열고, 서로를 존중하며, 공동체의 유대를 강화하는 역할을 한다. 특히 에티오피아와 터키의 커피 세리머니는 손님을 위한 정성 어린 대접, 세대 간 화해와 지혜의 전수, 그리고 평등한 대화의 장으로 기능한다.

이러한 커피 의식 속 영어 표현들은 단순한 주문을 넘어서, '함께 있음'과 '존중'을 전달하는 문화적 언어로 작동한다. 즉, 커피 문화에 대한 이해는 단순한 음료의 소비를 넘어, 상대방과의 관계 맺기, 언어적 배려, 그리고 사회적 감각을 익히는 데 중요한 교육적 자원이 된다.

 Creative Activity

- 세계 여러 나라의 커피 문화 중 하나를 선택하여, 해당 문화에서 사용되는 영어 표현을 중심으로 짧은 상황극을 구성해보기
- "커피 한 잔에 담긴 문화"를 주제로 포스터 만들기

카페에서 피어난
사회운동

    커피 한 잔을 마시는 시간은 단지 휴식이 아니라, 세상을 다시 들여다보는 시선이 된다.

    카페라는 공간은 여전히 조용한 질문이 피어나는 장소이며, 그 위에 놓인 커피는 일상과 사회를 연결하는 매개다. 누군가는 노트북을 펼치고, 누군가는 낯선 이와 대화를 시작하며, 또 다른 누군가는 조용히 사유에 잠긴다. 그 테이블 위에서 커피는 단순한 음료가 아니라, 말하지 못한 생각들이 머무는 언어가 된다.

    오늘날의 카페는 도시의 문턱을 낮추는 공공성의 실험장이다. 공정무역, 비건, 제로웨이스트, 지역 연대. 이 모든 단어들이 커피 메뉴판 한구석에 조용히 걸려 있다. 어떤 카페는 플라스틱 대신 텀블러를 권하고, 어떤 카페는 지역 로스터리의 원두를 고집하며, 또 다른 카페는 이

운의 일부를 지역 사회에 환원한다. 이처럼 커피는 점점 더 개인의 취향이 아니라, 가치 있는 선택의 언어로 기능하고 있다.

이러한 흐름은 카페의 인테리어와 분위기, 서비스 방식에도 반영된다. 매장 내부에 친환경 소재를 사용하고, 손글씨로 쓴 포스터나 지역 예술가의 작품을 전시하는 카페도 늘고 있다. 조용한 음악과 나눔을 독려하는 메시지가 가득한 공간은, 소비자에게 '무엇을 사는가'뿐만 아니라 '어떻게 존재할 것인가'를 묻는 질문을 던진다. 커피 한 잔을 두고 나누는 대화는 점점 더 일상적인 정치가 되고, 작은 소비가 세상의 변화를 위한 한 걸음이 되고 있다.

'서스펜디드 커피(Suspended Coffee)' 운동은 이러한 흐름을 상징적으로 보여준다. 자신이 마시는 커피 한 잔 외에 또 한 잔의 비용을 지불함으로써, 어려운 이웃이 그 따뜻함을 나눌 수 있도록 하는 방식이다. "내 커피 한 잔이 누군가의 위로가 되기를"이라는 마음이, 메뉴판 뒤편에서 조용히 퍼지고 있다. 전북 익산의 '시청앞커피'처럼 정해진 가격 없이 손님의 자율 기부로 운영되며, 커피를 통해 사람 사이의 연결과 지역 공동체 회복을 도모하는 따뜻한 공간도 있다. 이들은 단순한 상업 공간을 넘어 '지역 커뮤니티의 회복 거점'으로 자리매김하고 있다. 어떤 공간은 무료로 커피를 제공하며, 대신 손님이 남긴 손편지와 엽서를 다른 손님에게 전달하기도 한다. 이처럼 커피는 단절된 일상 속 소통의 끈을 되살리는 역할을 한다.

디지털 시대의 카페는 물리적 공간을 넘어, 해시태그와 영상, 온라인 커뮤니티를 통해 목소리를 확장한다. #FairCoffee #DrinkWithPurpose #BLMBlend 같은 태그는 커피 한 잔에도 윤리를 담아낸다. 미국의 일부 카페는 흑인 인권 운동인 블랙 라이브스 매터(Black Lives Matter)에 수익을 기부하고, 유럽의 사회적 기업 카페들은 난민 고용이나 청년 자립 지원을 통해 지역 통합을 실천한다. 커피는 이제 개별 소비자의 기호를 넘어서, 사회적 메시지를 담는 플랫폼이 되고 있다.

특히 젊은 세대는 커피를 통해 자신의 정치적, 환경적 입장을 표현한다. SNS에 공유하는 '에코 컵 챌린지'나 '오늘의 공정무역 한 잔' 같은 게시물은, 커피를 통해 일상을 기록하는 동시에 의식 있는 소비자라는 정체성을 드러내는 방식이다. 커피는 단순히 '나를 표현하는 방식'에 머무르지 않고 '우리가 지지하는 사회를 드러내는 선언문'이 되고 있다.

직장 문화에서도 커피는 여전히 중요한 기호다. 커피 브레이크는 단순한 휴식이 아니라, '공식적이지 않은 생각을 정리하는 시간'이자 심리적 완충 지대다. 리더십 회의에서 벗어나 서로의 말을 경청하는 순간, 사소한 질문이 새로운 아이디어가 되는 순간 바로 그 가운데 커피가 놓인다. 19세기 미국의 여성 노동자들이 '커피를 마실 권리'를 요구하며 시작된 이 전통은, 오늘날 조직 문화와 창의성의 촉진 도구로 진화했다. 재택근무가 일상이 된 지금도, 줌(Zoom) 화면 앞에 놓인 커피 한 잔은 여전히 회의의 분위기를 부드럽게 만들고, '우리'라는 연결감을 형성하는 매개체로 기능한다.

우리는 이제 커피를 통해 질문한다. 이 커피는 누구를 위한 것인가? 이 공간은 어떤 목소리를 품고 있는가? 카페는 더 이상 소비의 장소가 아니라, 일상 속에서 더 나은 세상을 상상하고 설계하는 조용한 공론장이다. 커피는 혀보다 마음을 데우는 언어이며, 그 향기 속에는 시대의 온도와 인간 존엄에 대한 감각이 담겨 있다. 그리고 그 감각은, 우리가 어떤 사회를 원하는지를 끊임없이 묻고, 다시 상상하게 만든다.

Would you like a suspended coffee?
→ 기부된 커피 한 잔 드릴까요? (연대와 나눔)

Your coffee supports local farmers.
→ 당신의 커피는 지역 농부를 응원합니다. (윤리적 소비)

We serve fair trade only.
→ 저희는 공정무역 커피만 사용해요. (신념 기반 서비스)

Let's meet at the local coffeehouse for the climate talk.
→ 기후 관련 이야기를 동네 카페에서 나눠요. (카페의 공론장 기능)

이러한 문장들은 단순한 안내가 아니라, 카페라는 공간이 전하는 사회적 메시지의 일환이다. 영어 표현 속에도 문화적 감수성과 참여의 언어가 깃들어 있다.

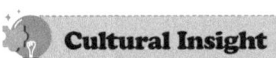

카페는 역사적으로 사회운동의 출발점이 되어 왔다. 프랑스 혁명 전후 카페는 민중의 정치 토론장이었고, 현대 사회에서는 환경, 인권, 젠더 등 다양한 이슈가 테이블 위에 오른다.

커피 한 잔의 선택이 세계 커피 생산자와의 연결고리가 되며, 소비는 더 이상 중립적인 행위가 아니다. '누구의 커피를, 어떤 방식으로 소비하느냐'는 개인의 가치관을 반영하는 문화적 언어가 된다.

특히 한국을 포함한 여러 국가에서는 '서스펜디드 커피(Suspended Coffee)', 비건·제로웨이스트 카페, 기부 캠페인 카페 등 '소셜 카페'들이 지역사회와 연대하는 움직임을 이끌고 있다.

Creative Activity

- 사회적 가치를 실천하는 '상상 속 카페'를 기획해보고, 그 카페에서 사용될 수 있는 영어 문구와 커피 이름(예 'Hope Latte', 'Justice Brew')을 창의적으로 만들어 보기
- '카페 속 사회운동'을 주제로 짧은 시나리오를 구성하고, 등장인물 간의 대사를 영어로 써 보기
- SNS 해시태그 캠페인을 기획해보기: 커피와 연결된 윤리적 소비, 환경, 인권 주제를 영어 해시태그로 표현하고, 해당 주제에 대한 짧은 슬로건을 만들어보는 활동

CHAPTER 16
커피의 미래, 지구의 내일

커피 한 잔은 더 이상 단순한 기호가 아니다. 그것은 지구의 내일을 가늠하는 선택이자, 생태적 감수성을 표현하는 일상의 실천이다. 우리가 아침마다 마시는 커피는, 보이지 않는 수많은 선택의 결과이며, 환경과 윤리, 지속가능성이라는 질문을 담고 있다.

기후 위기로 인해 커피 재배 환경은 급격히 변하고 있다. 일정한 기후, 토양, 강수량을 필요로 하는 커피나무는 극심한 가뭄과 병해충, 불안정한 날씨로 인해 재배지가 빠르게 줄어들고 있다. 2050년경 현재 커피 재배지의 절반 이상이 사라질 수 있다는 예측은, 단순한 농업 문제를 넘어 전 세계 커피 문화의 존속 가능성에 경고를 보낸다.

이러한 상황 속에서 '친환경 커피', '지속 가능한 커피'에 대한 관심이 높아지고 있다. 친환경 커피는 단순히 유기농 재배를 넘어서, 토양 보

전, 생물 다양성 유지, 노동자의 권리 보호 등 복합적인 가치를 포함한다. 'Shade-grown coffee(그늘 재배 커피)'는 열대우림 생태계를 지키는 방식이며, 'Rainforest Alliance'나 'Fair Trade' 마크는 환경과 인권을 함께 고려한 선택임을 의미한다.

커피의 지속 가능성은 생산지에서만 결정되지 않는다. 커피의 로스팅, 포장, 운송, 소비, 폐기까지 이어지는 전 과정은 탄소배출과 자원 소모의 주범이 될 수 있다. 전 세계적으로 매년 수십억 개의 일회용 컵과 플라스틱이 버려지고 있으며, 이는 해양과 도시 생태계에 악영향을 끼친다. 커피를 마시는 장소와 방식까지 포함한 '소비의 문화' 자체가 지구의 건강과 연결되어 있다는 인식이 확산되고 있다.

이에 따라 커피를 소비하는 방식 또한 변화하고 있다. 텀블러 사용 장려, 다회용 컵 대여, 커피 찌꺼기 재활용 등 다양한 친환경 실천이 확산 중이다. 커피 찌꺼기를 퇴비, 연료, 건축 자재로 활용하려는 시도는 자원 순환의 새로운 모델이 되고 있다. 일부 도시에서는 커피 찌꺼기를 모아 지역 공원 조성이나 가로수 비료로 재활용하는 사례도 등장하고 있다.

글로벌 브랜드와 로컬 카페 모두 지속 가능성을 위한 실천에 나서고 있다. 스타벅스, 블루보틀 등은 탄소중립 목표를 세우고, 텀블러 사용 시 할인 정책을 도입한다. 소규모 로스터리들도 지역 농산물 활용, 친환경 포장재 도입, 비건 메뉴 개발 등을 통해 실질적인 변화를 만들어 가고 있다. 이러한 변화는 단순한 마케팅 전략을 넘어서, 브랜드 철학을 소비자와 공유하는 '윤리적 커뮤니케이션'의 일환으로 작동한다.

국제 커피 기구(ICO), WWF, 레인포레스트 얼라이언스 등의 단체는 전 세계 커피 산업의 지속 가능성을 위해 정책과 캠페인을 펼치고 있다. 'Sustainable Coffee Challenge', 'Coffee & Climate' 같은 프로젝트는 농가 교육, 여성 농부 지원, 생태 농업 확산 등 실질적인 변화를 만들어가고 있다. 특히 여성과 청년 농부의 역량 강화는 지역 커뮤니티의 지속 가능성을 결정짓는 중요한 축이 된다.

이러한 글로벌 흐름 속에서 영어는 '지속 가능한 커피' 담론의 중심 언어로 기능한다. Eco-friendly coffee, sustainable farming, carbon footprint, ethical sourcing, zero waste, reusable cup 등은 카페의 메뉴판, 커피 광고, SNS 캠페인에서 자주 등장하는 표현이다. '#sustainablecoffee', '#greenbarista', '#bringyourowncup' 같은 해시태그는 실천을 공유하고 연대의 언어를 확산시킨다. 커피 브랜드의 슬로건이나 친환경 캠페인 영상에서 영어는 단순한 정보 전달을 넘어, 가치 기반의 서사를 형성하는 핵심 언어로 사용된다.

이제 커피 한 잔은 단지 내 취향을 위한 선택이 아니라, 지구 전체를 위한 약속이 된다. 텀블러를 챙기는 습관, 공정무역 제품을 고르는 기준, 플라스틱을 줄이는 실천—이 모든 행동은 커피를 통해 이루어지는 윤리적 공동체의 언어다. 우리는 커피를 통해 묻는다. 무엇을 위해 마실 것인가, 누구와 나눌 것인가. 그 질문에 대한 대답은, 더 지속 가능한 세상을 향한 우리의 태도를 결정짓는다.

그리고 그 질문을 매일 아침, 커피 한 잔 앞에서 다시 꺼내드는 것. 그것이 우리가 지구를 사랑하는 방식이다.

 **Language Insight**

다음 표현들은 카페 메뉴판, 커피 브랜드의 캠페인, 환경 운동, 소비자 행동 등에서 지속가능한 커피 문화를 전파하는 데 핵심적인 언어로 사용된다.

Eco-friendly coffee: 친환경 커피
Sustainable farming: 지속가능한 농업
Carbon footprint: 탄소 발자국
Shade-grown coffee: 그늘 재배 커피
Rainforest Alliance certified: 열대우림 동맹 인증
Ethical sourcing: 윤리적인 원두 조달
Fair trade: 공정무역
Zero waste: 쓰레기 없는 소비, 제로웨이스트
Reusable cup: 다회용 컵
Compostable packaging: 퇴비화 가능한 포장재
Climate resilience: 기후 회복력
Green consumer: 친환경 소비자
Environmental impact: 환경에 미치는 영향

Cultural Insight

커피는 오랜 시간 인간의 삶과 문화를 이어온 음료였지만, 이제는

환경, 미래 세대, 그리고 지구 전체와 연결되는 사회적 상징이 되었다.

친환경 커피와 지속가능성은 일시적인 유행이 아니라, 우리가 무엇을 마시고, 어떻게 소비하며, 누구와 연대할지를 고민하게 만드는 새로운 문화적 기준이다.

커피 한 잔을 고르는 선택, 텀블러를 들고 다니는 습관, 지역 농가와 연대하는 행동은 모두 '함께 살아가는 사회'를 향한 작은 실천이자, 지구를 위한 문화적 책임감의 표현이다.

 Creative Activity

1. 내가 실천한 친환경 커피 습관을 영어로 간단히 소개해보기
- 텀블러 사용, 일회용 컵 거절, 플라스틱 빨대 대신 종이 빨대 사용 등 내가 실천한 경험을 떠올려, 영어로 짧게 소개해보기.

2. 상상 속 친환경 커피 캠페인을 기획하고 영어 슬로건과 해시태그 만들어보기
- 환경 보호를 주제로 한 커피 캠페인을 하나 상상해보고, 그 캠페인에 어울리는 영어 슬로건과 해시태그를 직접 만들어보기.

3. 지역 카페나 커피 브랜드의 친환경 활동을 조사해 영어로 소개해보기
- 내가 사는 지역이나 관심 있는 브랜드의 친환경 커피 활동(예 텀블러 할인, 리필 정책 등)을 조사하고, 간단한 영어 소개문으로 정리해보기.

커피와 젠더

　커피 한 잔을 건네는 손끝에는 종종 말없이 존재하는 경계가 있다. 카페의 밝은 조명 아래, 바리스타의 미소 뒤에는 묻히고 잊힌 이야기와 질문들이 숨어 있다. 누가 커피를 기르고, 누가 볶고, 누가 내리고, 누가 그 한 잔을 완성하는가? 커피 산업의 긴 여정 속에서 여성의 존재는 언제나 중심에 있었지만, 그 이름은 자주 무대 밖으로 밀려나 있었다.

　커피 생산지에서 도시의 카페까지, 여성들은 커피의 거의 모든 단계에서 핵심적인 역할을 맡아왔다. 에티오피아, 콜롬비아, 케냐, 베트남, 브라질 등 커피 벨트의 농장에서는 여성들이 씨앗을 심고, 열매를 따고, 선별하고, 건조하는 일에 많은 시간을 투입하며 생산의 기반을 이룬다. 국제커피기구(ICO)와 여러 연구에 따르면, 전 세계 커피 생산 노동의 약 70%가 여성의 몫이다.

그러나 여성 농부가 직접 농장을 소유하거나, 의사결정권을 갖는 비율은 20~30%에 불과하다. 이는 개인의 능력 부족이 아닌 제도적, 문화적 요인들이 복합적으로 작용한 결과이며, 최근에는 여성의 경영 참여와 권한 강화를 위한 교육, 협동조합 활동 등이 점차 확대되고 있다. 토지 소유권, 금융 접근성, 교육 기회, 경영 참여 등에서 여성은 여전히 구조적 불평등의 장벽에 놓여 있다. 많은 커피 생산국에서는 가부장적 전통과 역할 고정 관념이 여전히 강하게 작동한다. 일부지역에서는 여전히 여성은 '도와주는 존재'로 간주되거나, 가족 농장 내에서 무급 노동자로 기능하는 경우가 많다. 농장 경영, 유통, 협동조합 운영 등 주요 결정권은 여전히 남성 중심으로 돌아간다.

여성의 노동이 필수적이면서도 '투명한' 존재로 취급되는 이중 구조, 즉 '젠더드 커피 패러독스(gendered coffee paradox)'로 불리는 현상은 커피 산업 내 보이지 않는 기여와 보상의 불균형을 지칭한다. 커피 산업의 성공은 여성의 손끝에서 시작되지만, 그 보상과 권한은 다른 손에 돌아가는 구조가 반복된다. 이러한 현실은 농촌에만 머물지 않는다. 도시의 카페, 글로벌 커피 브랜드, 그리고 바리스타의 세계에서도 젠더 이슈는 여전히 고민해야 할 과제로 남아 있다.

바리스타라는 단어가 한때 남성적 직업처럼 인식되던 시기를 지나, 지금은 많은 여성 바리스타들이 자신의 이름과 이야기를 당당히 드러내고 있다. 하지만 여전히 언어와 이미지, 산업 구조 속에서 성별 고정 관념은 해소되지 않은 과제다. 젠더 문제는 커피 산업의 구조뿐 아니라, 언어와 문화 속 표현 방식에도 깊이 스며 있다.

'바리스타(barista)'는 원래 성별 구분 없는 단어지만, 언론이나 마케팅에서는 성별을 명시하는 표현이 함께 사용되는 경우도 있다. 특히 '여성 바리스타'라는 말은 소비자 대상 홍보나 이미지 형성 과정에서 주목되곤 한다. 과거에는 특정 직무에 대해 성별을 암묵적으로 전제하는 명칭이 사용되기도 했지만, 오늘날에는 이러한 표현이 부적절하다는 인식이 확산되고 있다. 이러한 명칭은 커피 전문 인력의 역할을 단순화하거나 특정한 성 역할로 고정할 우려가 있다는 지적도 있다. 이러한 언어 표현은 단순한 호칭을 넘어 직업 이미지와 사회적 인식을 형성하는 데 영향을 줄 수 있다. 다만 최근에는 전문성과 평등의 관점에서 바람직한 언어 사용에 대한 논의도 활발히 이루어지고 있다.

또한 커피 광고와 미디어 콘텐츠 속에서도 젠더 이미지는 오랫동안 고정된 틀 안에서 재생산되어 왔다. 과거 광고에서는 여성이 주로 집안에서 커피를 내리고 가족을 돌보는 이미지로 등장했고, 남성은 일터에서 커피를 통해 활력을 얻는 존재로 묘사되었다. 특히 블랙 커피나 에스프레소는 남성성과 연결되어 '강인함', '전문성'의 상징처럼 소비되었다.

하지만 최근 들어 일부 브랜드와 캠페인에서는 다양한 성별과 정체성을 포용하는 메시지를 내세우며, 커피를 통한 평등과 환대의 이미지를 새롭게 그려가고 있다.

이러한 젠더 담론은 커피의 현대 문화에만 국한되지 않는다. 17세기 영국 커피하우스는 남성 지식인과 상인의 담론 공간으로 알려져 있으며, 여성의 출입은 제한적이었다. 당시 일부 여성들은 '여성들의 커피에 대한 빈란(Petition of Women Against Coffee)'이라는 풍자적 성명으로 커피와 남성성에 대한 사회적 감각을 드러냈고, 찰스 2세의 폐쇄 시도와 같은 정치적 반응을 이끌어내기도 했다. 이 일화는 커피가 젠더 질서와 공적 공간 개념을 둘러싼 상징으로 작동했음을 보여준다.

이후 홍차 브랜드 '트와이닝(Twinings)'은 여성도 참여할 수 있는 티룸을 열어, 여성의 공적 공간 참여를 확장하는 한 계기를 만들었다. 이처럼 커피와 차 문화의 역사에는 배제와 제한, 그리고 포용과 확장의 흐름이 공존해 왔다.

오늘날의 커피 공간은 젠더 감수성과 다양성을 실천할 수 있는 중요한 장소이자 상징적 무대다. 여성 농부, 바리스타, 로스터, 트레이더, 경영자 등 다양한 주체들의 이야기를 기억하고 존중하는 일은, 커피 산업의 지속 가능성과 공정성을 높이는 데 핵심적인 요소다.

젠더 평등은 단지 특정 성별의 권리를 위한 과제가 아니라, 모두가 더 나은 커피 문화를 함께 만들어가는 출발점이 될 수 있다.

Language Insight

Who made your coffee?
한 잔의 커피 뒤에 담긴 노동과 생산 과정을 돌아보게 만드는 말이다. 특히 보이지 않는 수많은 사람들의 노력과 기여를 환기시킨다.

Gender equality in coffee
커피 산업 전반에서 성평등한 참여와 기회 보장을 지향하는 국제적 흐름을 나타내는 표현으로, 포용적이고 지속가능한 산업 문화를 강조한다.

Empowerment

특히 여성 종사자를 포함해, 커피 산업의 다양한 구성원들이 자신의 역량을 발휘하고 자율적으로 참여할 수 있도록 하는 것을 의미한다.

Safe workplace

서로를 존중하는 건강한 일터 문화를 지향하며, 카페나 농장 등 커피 산업 전반에서 모두가 안심하고 일할 수 있는 환경을 강조한다.

Breaking the glass ceiling

구조적 제약 없이 누구나 능력에 따라 성장하고 리더십을 발휘할 수 있는 조직 문화를 만들어가고자 할 때 사용되는 표현이다.

Cultural Insight

커피는 오랜 시간 특정 계층이나 성별에 제한된 공간에서 소비되었고, 17세기 영국의 커피하우스는 여성의 출입이 제한된 폐쇄적인 공론장이었다. 하지만 트와이닝의 티룸처럼 더 다양한 이들의 사회적 참여를 가능하게 하는 상징적인 공간이 생겨나면서, 커피 문화는 점차 확장되기 시작했다. 오늘날 전 세계 농부, 바리스타, 로스터, 리더 등 다양한 배경의 종사자들, 특히 그동안 조명되지 않았던 이들이 커피 산업의 중심에서 그 역사를 다시 쓰고 있다.

이 변화는 단지 성별의 문제를 넘어서, 감수성과 포용성, 지속 가능성과 윤리성을 함께 고민하게 한다. 우리가 마시는 커피 한 잔은, 그 안에 담긴 노동과 이야기, 그리고 모두를 위한 공정한 내일을 향한 노력을 기억하게 하는 문화적 상징이 될 수 있다.

 Creative Activity

1. 커피를 만든 사람에게 보내는 짧은 감사 메시지 쓰기
- 자신이 마신 커피 한 잔이 만들어지기까지 수고한 사람들(농부, 바리스타 등) 중 한 명을 떠올리며, 고마움을 담은 3~4문장짜리 영어 메시지를 작성해보기.
  → 예 Thank you for your hard work. Your care makes every cup meaningful.

2. 공정하고 포용적인 카페를 위한 영어 문구 만들기
- 젠더 감수성과 환대의 가치를 담은 안내 문구를 영어로 만들어보기.
  (포스터, 테이블 카드, 메뉴판 등에서 활용 가능하도록)
  → 예 Respect starts here. This café welcomes every story. No space for discrimination.

3. 포스터 활동: '내가 꿈꾸는 카페' 영어로 표현하기
- 자신이 상상하는 포용적이고 안전한 카페를 그려보고, 주요 공간 설명과 슬로건을 영어로 간단히 덧붙이기.
  → 활동 목표: 시각 표현 + 간단한 영어 설명 + 문화적 인식 함께 반영

커피와 비즈니스 영어

한 잔의 커피를 파는 일은 사실상 수많은 대화와 선택, 전략과 설득의 연속이다. 그리고 이 모든 과정에서 가장 자주, 가장 실용적으로 활용되는 언어가 바로 비즈니스 영어다. 커피 산업은 단순한 음료 제공을 넘어서, 글로벌 비즈니스와 소비자 경험을 설계하는 복합적 산업으로 진화하고 있다. 카페는 이제 창업의 무대이자, 글로벌 브랜드가 성장하는 실험실이며, 문화적 가치와 윤리적 소비를 이야기하는 새로운 공공 공간이다. 그 변화의 중심에는 언제나 영어가 있고, 특히 비즈니스 영어는 그 변화를 구성하고 연결하며 실행하는 실천의 언어로 작동한다.

창업자는 늘 누군가에게 자신의 아이디어를 설명해야 한다. 투자자에게 사업 모델을 소개할 때, 건물주에게 공간 임대 조건을 문의할 때, 장비 업체와 가격을 협상할 때, value proposition, lease negotiation, bulk order 같은 표현이 현실적인 비즈니스 상황에서 빈번히 등장한다. 이때 쓰이는 영어는 교과서 속 문장이 아니라, 현장에서 살아 움직이는 실전 언어다.

What sets you apart from other cafés?, We're targeting young professionals in urban areas., Do you offer a maintenance guarantee? 같은 실전 표현이 바로 창업의 첫 관문을 넘게 해준다.

카페에서 가장 자주 쓰이는 영어는 메뉴판이 아니라 고객 서비스의 말들이다. Welcome, what can I get started for you?, Would you like that to go or stay?, This is our signature drink. Would you like to try it? 같은 문장은 친절한 서비스의 기본이자, 매장의 일관된 응대 흐름이다. 고객 불만 상황에서도 I'm terribly sorry! Let me fix that right away. Can I offer you a refund or a new drink?처럼 신속하고 정중한 대응 언어가 신뢰를 쌓는 핵심 도구가 된다.

국가별로 고객 응대 언어도 문화에 따라 달라진다. 미국은 직접적이고 친근하게 사과하며, 일본은 정중하고 형식적인 어투를 사용한다. 한국은 빠른 해결과 행동 중심의 응대가 중심이 된다. 이 차이를 이해하는 것이 곧 비즈니스 경쟁력이다. 이러한 응대 방식의 차이를 이해하고 적용하는 능력이 곧 글로벌 비즈니스에서의 경쟁력이 된다.

독일에서는 'Milchkaffee', 일본에서는 iced blend, 인도네시아에서는 kopi susu라는 표현이 현지 특유의 문화와 연결된다. 문화적 차이를 이해하고 맞춤형 언어로 응대하는 역량이야말로 글로벌 시장에서의 경쟁력이다. 예를 들어 고객이 "What's kopi susu?"라고 물었을 때, "It's similar to a sweetened latte with condensed milk"처럼 문화적 맥락을 반영한 설명이 필요하다. 이는 단순한 제품 설명을 넘어 고객과의 신뢰 형성으로 이어진다. 이런 응대는 브랜드의 첫인상을 좌우하는 커뮤니케이션 전략이 된다.

온라인 주문 시스템, 배달 앱, 챗봇 응대, SNS 홍보, 리뷰 관리 등 디지털 전환은 카페 운영 전반의 언어 환경을 빠르게 변화시키고 있다. Order ahead and skip the line, We accept contactless payment, Tag us for a chance to win, Leave a review and get a coupon 같은 표현은 단순한 정보 전달을 넘어, 고객의 행동을 유도하고 응대의 효율성을 높이는 실전 영어 표현이다. 특히 SNS나 앱에서의 짧고 명확한 영어 표현은 디지털 커뮤니케이션에서 경쟁력을 좌우하는 요소가 된다.

비즈니스 영어는 단순한 의사소통을 넘어서, 창업자의 생각과 태도를 드러내는 언어다. Think big, start small, We aim to scale internationally, Our mission is to connect people through coffee, Let's collaborate on a pop-up event 같은 표현은 팀원 간의 공유 언어이자, 투자자나 파트너에게 신뢰를 주는 도구가 된다. 다국적 파트너와 협상할 때는 We're open to flexible terms, Let's find a win-win model, Could you clarify your expectations? 같은 언어가 문제를 해결하고 기회를 넓히는 데 사용된다.

비즈니스 영어를 익힌다는 것은 단순히 문법과 단어를 외우는 것이 아니라, 언어를 통해 세계와 연결되는 힘을 기르는 일이다. 작은 커피 한 잔이 국경과 문화를 넘어선 새로운 만남과 기회의 출발점이 될 수 있음을 보여준다. 커피와 함께 시작된 이 비즈니스 영어의 여정은 오늘도 전 세계 수많은 카페에서, 새로운 도전과 만남 그리고 성장의 순간을 만들어가고 있다.

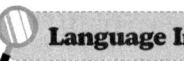 **Language Insight**

What's your unique selling point?
→ 핵심 강점을 묻는 표현

Can you walk me through your concept?
→ 아이디어 설명 요청

Let me check with the manager.
→ 책임 있는 응대

Limited-time offer / Grand opening / Buy one get one free
→ 마케팅 문구

We're scaling up our business.
→ 사업 확장에 대한 언급

Let's pivot the model.
→ 전략 수정의 비즈니스 표현

Customer satisfaction is our priority.
→ 서비스 핵심 가치 전달

We're building ethical branding.
→ 윤리적 브랜드 구축 의지 표현

💡 Cultural Insight

커피 비즈니스의 언어는 그 자체로 각국의 문화적 소통 방식과 감각을 반영한다. 미국은 직접적이고 효율적인 표현을, 영국은 정중하고 협조적인 어투를, 한국은 암묵적 기대와 빠른 응대를, 호주는 수평적이고 친근한 소통을 선호한다. 이러한 차이는 주문 방식과 고객 응대 언어에 자연스럽게 드러난다.

디지털 환경에서는 감정적 연결과 스토리텔링을 중시하는 마케팅 문화가 확산되고 있다. 창업가는 이제 단순한 제품 정보가 아니라, 브랜드의 가치와 정체성, 그리고 윤리적 방향성을 함께 전달해야 한다. 성공적인 커피 브랜드는 지역의 문화적 특성과 글로벌 감각을 균형 있게 결합한다. 메뉴 이름, 슬로건, SNS 콘텐츠와 같은 작은 언어 선택이 소비자와 브랜드 사이의 신뢰를 형성하는 열쇠가 된다. 이러한 감각적 설득과 문화 간 소통에서 영어는 핵심 매개가 된다.

Creative Activity

1. 나만의 커피 브랜드를 만든다면, 브랜드명, 콘셉트, 슬로건을 영어로 만들어보기
   → 예 Roast & Root - Coffee with a Story

2. 고객 응대 상황 영어로 시뮬레이션 하기
   - 주문 받기, 추천하기, 불만 처리하기 등 상황별 영어 표현 써보기
   → 예 Would you like to try our seasonal blend? I'm sorry for the wait - your drink will be ready in one minute.

Part 2
Buzz: 광고와 대중문화의 언어

커피가 감각의 언어라면, 광고는 감정의 언어다. 우리는 하루에도 수십 개의 영어 문장과 마주친다. 버스 정류장의 포스터, 유튜브 영상 앞의 광고, 인스타그램 피드 사이사이에 끼어든 스폰서 게시물. 그 속엔 짧고도 강한 영어가 있다. 문법보다 메시지, 정확성보다 리듬, 사실보다 감정이 먼저 다가온다. 말의 논리가 아니라 감정의 속도가 앞섰다.

이제 우리는 그 언어들을 읽어보기로 한다. 그 문장은 왜 그렇게 짧고 단호한가? 왜 어떤 말은 오래 남고, 어떤 말은 그냥 지나가는가? '광고 영어'는 단순한 상업 도구일까, 아니면 오늘날 대중문화의 정서와 구조를 담는 새로운 공용어일까?

"Just Do It."은 단지 운동화를 팔기 위한 말이 아니다.
"Because You're Worth It."은 로레알의 화장품 광고였지만, 그 문장은 제품보다 자존감에 말을 걸었다.

이처럼 광고 문장은 짧지만, 우리의 정체성과 감정에 깊이 닿는다. 한 문장이 브랜드를 넘어서 개인의 삶과 태도를 흔든다.

이 파트에서는 슬로건, 로고, 유튜브 콘텐츠, 젠더 코드, 감정 설득, 언어의 파괴성 등 광고 언어를 구성하는 다양한 층위를 탐색할 것이다. 영어는 어떻게 상업을 넘어 문화와 권력, 정체성의 언어가 되었는가?

우리는 지금 어떤 문장을 통과하며, 어떤 감정을 소비하고 있는가?

짧지만 오래 남는 언어. 반복되지만 식상하지 않은 언어.

그게 바로 Buzz였다.

광고는 어떻게 말을 거는가?
헤드라인의 언어

광고의 첫 문장은 독자에게 말을 거는 인사다. 그 한 줄이 우리를 멈춰 세우고, 웃게 만들고, 생각하게 만든다. 평소 같으면 그냥 별 생각 없이 넘겼을 문장인데, 광고는 단 몇 초 만에 그것을 기억 속에 각인시킨다. 짧고 익숙한 말인데도 쉽게 잊히지 않는 이유는, 그 문장이 제품보다 먼저 감정을 겨냥하기 때문이다. Think Different. Just Do It. Because You're Worth It. 이 문장들은 겉보기에는 단순한 제품 메시지처럼 보이지만, 실제로는 자기 인식과 태도에 영향을 미치는 정체성 언어였다.

광고 헤드라인은 대부분 짧은 단문, 명령문, 수사적 질문을 활용해 독자의 주의를 끈다. 영어의 간결한 문장 구조는 브랜드가 핵심 메시지를 짧고 강하고 직관적으로 전달하는 데 유리하다. 이때 문법은 단지 형식이 아니라, 감정의 방향과 소비자의 역할을 지정하는 장치로 작동한다. 감탄문은 공감을 이끌어내고, 명령문은 행동을 요구하며, 질문은 참여를 유도한다.

예를 들어, Got Milk?은 실제로 대답을 요구하지 않지만, 소비자를 잠시 멈춰 서게 만든다. Open Happiness는 단순한 주문이 아니라, 감정적 경험의 문을 여는 초대장처럼 작동한다. 이러한 문장들은 종종 정체성 언어로 작동한다. '어떻게 행동하라'는 지시는 동시에 '누구처럼 살라'는 정체성의 제안이기도 하다. Be different는 겉으로는 다양성을 말하는 듯하지만, 실제로는 특정한 스타일의 다름을 브랜드와 함께 구현하라는 설득이다.

다양한 헤드라인은 다음과 같은 구조로 소비자에게 말을 건다.

명령문은 직접적인 행동을 유도하며, 브랜드가 특정 태도를 제안한다. 예를 들어 Open Happiness, Enjoy the Ride, Think Small, Eat Fresh, Obey Your Thirst 같은 문구는 단순한 지시를 넘어 브랜드가 원하는 삶의 방식까지 제시한다.

감탄문은 감정을 자극하고, 경험을 중심에 둔다. Oh, What a Feeling, Deliciously Different, Magically Delicious, The Ultimate Driving Machine 같은 표현은 제품 자체보다는 그로 인해 느낄 수 있는 감정을 강조한다.

수사적 질문은 소비자와의 대화를 시도하며 참여를 유도한다. Got Milk?, What's Your Flavor?, Can You Hear Me Now? 같은 문장은 순간적으로 소비자 자신을 돌아보게 만든다.

이처럼 광고의 헤드라인은 단순한 문장이 아니다. 그것은 감정의 방향을 정하고, 브랜드가 제안하는 삶의 태도를 은연중에 설득하는 강력한 언어 전략이다.

 Cultural Insight

영어 광고 헤드라인은 문화적으로 개인의 정체성, 감정, 선택을 중시하는 사회적 가치를 반영한다. 짧고 강한 문장은 단지 상품을 소개하는 데 그치지 않고, 소비자의 삶의 태도나 자아상을 제안한다. 특히 미국과 영국 광고는 '행동을 이끄는 말하기'를 통해 브랜드와 소비자 사이의 관계를 대등하게 그리는 경향이 있다. 이는 광고가 단순한 정보 전달이 아니라, 문화적 대화의 한 형태로 작동한다는 것을 보여준다.

 Creative Activity

1. 광고 속 헤드라인 문장을 직접 만들어보자.

2. 아래 제시된 문장 유형 중 하나를 선택해 팀별로 1~2개의 영어 헤드라인을 창작하고, 그 문장이 어떤 감정을 겨냥했는지 설명해보자.
   - 명령문을 사용한다면 소비자에게 어떤 행동을 유도하는가
   - 감탄문을 사용한다면 어떤 감정을 표현하는가
   - 수사적 질문을 사용한다면 소비자에게 어떤 생각을 던지는가

Slogans & Logos
짧은 영어가 만드는 강한 메시지

광고에서 가장 오래 남는 문장은 슬로건이다. 로고와 함께 반복적으로 노출되며, 브랜드의 정체성과 감정적 메시지를 응축한다. 슬로건은 제품보다 먼저 소비자의 마음에 도달하고, 때로는 제품이 사라진 후에도 기억 속에 남는다. I'm Lovin' It, Melts in your mouth, not in your hands. 이 문장들은 단지 브랜드를 기억하게 하는 수단이 아니라 브랜드가 소비자와 맺고자 하는 감정적 관계를 설계하는 언어적 장치다.

슬로건은 짧은 문장 안에 브랜드의 세계관, 태도, 감정의 톤을 응축한다. 이는 단순한 마케팅 문구가 아니라, 브랜드의 정체성을 소비자의 무의식에 각인시키는 전략적 언어다. 리듬감 있고 반복하기 쉬운 슬로건은 입에 쉽게 붙고, 자주 되뇌어지며 감각에서 감정으로 연결된다. 한 번 듣고 기억되는 그 짧은 문장 속에는 전략, 문화 코드, 심지어 브랜드의 철학까지 겹겹이 숨어 있다.

슬로건은 활력 있는 현재진행형 동사(lovin', going, doing), 핵심을 응축한 압축 명사구(Real Beauty, Pure Life), 감정적 단어(love, happy, free) 등을 활용해 브랜드의 감성과 태도를 직관적으로 전달한다. 이처럼 슬로건은 짧은 구조 안에 리듬과 감정, 정체성을 응축시켜 브랜드 언어의 핵심이 된다.

슬로건은 특히 로고와 결합할 때 더 강한 인상을 남긴다. 시각과 언어가 만나 브랜드의 감각적 총합을 이루면서 소비자는 브랜드를 '이해'하는 것이 아니라 '느끼게' 된다. 애플의 사과 로고와 Think Different는 말보다 먼저 인상을 남기고, 브랜드의 정체성을 비언어적으로 전송한다.

슬로건은 단지 기억되는 말이 아니라, 감정적 반응을 유도하는 정서의 코드이다. 그 문장은 브랜드의 약속이며, 감정의 방향을 설정하는 메시지이다. 때로는 제품보다 오래 남고, 브랜드를 한마디로 요약하는 언어가 된다. Impossible is Nothing, Make Believe, Live in Levi's 이 짧은 문장들은 브랜드가 어떤 꿈을 꾸는지를 말하고, 소비자가 그 안에서 어떤 사람이 되기를 원하는지를 암시한다. 슬로건은 상품을 설명하지 않는다. 대신 브랜드의 태도를 제안하고, 그것은 '구매' 이전에 '감정'을 제시하고, '소비자' 이전에 '나'라는 개인에게 말을 건다.

Cultural Insight

슬로건은 단순한 언어 표현을 넘어, 브랜드가 살아가는 문화적 맥락을 반영한다. 미국, 유럽, 일본 등 다양한 국가의 광고 슬로건은 각기 다른 정체성의 이상형을 제안한다. 미국 슬로건이 주로 개인의 주체성과 선택, 도전 정신을 강조한다면, 일본은 정서적 안정감과 공동체적 조화를 드러내는 경우가 많다. 예컨대, 미국의 슬로건은 "Be All You Can Be"처럼 자기 실현을 독려하는 반면, 일본은 "No Music, No Life"처럼 삶 속의 조용한 공감을 유도한다. 우리는 슬로건을 통해 단순히 브랜드가 아닌, 그 사회가 꿈꾸는 인간상과 가치관을 엿볼 수 있다.

Creative Activity

1. 자신만의 브랜드를 하나 상상해보고, 그 브랜드를 대표할 영어 슬로건을 만들어 보자. 슬로건은 다음 중 하나의 전략을 활용해도 좋다.
   - 현재진행형 동사를 활용해 활력을 표현하기
   - 압축된 명사구로 브랜드 철학을 드러내기
   - 감정 단어를 사용해 소비자와 감정적으로 연결되기
   - 리듬감 있는 문장으로 반복성과 기억성을 높이기

2. 슬로건을 만든 뒤, 왜 그런 언어 전략을 선택했는지 짧게 발표하고, 투표로 가장 설득력있는 슬로건을 선정해보자.

브랜드 네이밍과 소비자의 언어 감각

　우리는 어떤 브랜드 이름에 끌릴까? 그리고 그 이름은 왜 오래 기억에 남을까? 브랜드 네이밍은 단순한 작명이 아니다. 그것은 소비자에게 말을 걸고, 이미지를 심고, 취향을 설계하며, 일상 속 정서 반응을 유도하는 언어 전략이다. 특히 영어 네이밍은 글로벌 시장에서 '감각의 언어'로 작동하며, 브랜드가 전하고자 하는 정체성·정서·문화적 상징을 압축적으로 담아낸다.
　좋은 브랜드 이름은 하나의 문장이 아니라, 하나의 감정이다. 발음만으로도 따뜻하거나, 차갑거나, 모험적이거나, 안정적인 인상을 줄 수 있다. 예를 들어 'Coca-Cola'는 반복되는 음절 구조와 부드러운 자음으로 경쾌함과 대중성을 전달한다. 반면 'Lululemon'은 발음의 리듬과 신비로운 조어성을 통해 비일상적이면서도 감각적인 고급 취향을 유도한다. 'Nike'는 단음절이 주는 명확성과 신화적 기원을 결합해 행동 중심 브랜드의 이미지를 형성한다.

좋은 브랜드 이름은 하나의 문장이 아니라, 하나의 감정이다. 소비자는 이름의 의미보다 소리와 리듬, 분위기를 먼저 기억한다. 브랜드 네이밍은 정보가 아니라 인상으로, 언어가 아니라 감각으로 소비자의 마음에 들어간다. 이러한 네이밍은 언어학적 설계, 감정적 반응, 문화 코드가 교차하는 지점에서 탄생한다. 브랜드 이름은 설명보다 먼저 감각을 자극하고, 제품보다 앞서 정서를 선점한다. 특히 영어로 된 이름은 비영어권 소비자에게 세련되고 국제적인 이미지를 전달하며, 그 의미를 정확히 몰라도 소리와 분위기만으로 정체성과 태도를 표현할 수 있다. 소비자는 종종 브랜드의 스펠링보다 '소리'를 먼저 기억하며, 이는 광고 음성, 유튜브 콘텐츠, 일상 대화 속 반복을 통해 강화되는 청각적 인상 때문이다. 이처럼 브랜드 네임은 시각적 로고 못지않게 중요한 청각적 로고, 곧 '소리 정체성(sound identity)'으로 작동한다.

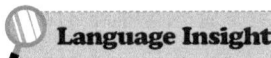

브랜드 이름은 보통 1~2음절 또는 발음하기 쉬운 리듬감 있는 단어를 선택한다.

유사한 의미가 아닌, 발음의 인상이 중요하다: 예 Lyft, Hulu, Oreo
  조어형(coinage): 기존 단어를 결합하거나, 의도적으로 새롭게 만든 단어가 많다.

- **브랜드 네임 유형 예시**

  실제 단어 활용형: Apple, Dove, Amazon – 일상어에 새로운 의미 부여
  의미 조합형: Facebook (face + book), YouTube (you + tube)
  추상 조어형: Google, Kodak – 고유명사화 가능한 발음 창조
  감각적 상징어: Redbull, Pampers – 이미지/감정 연상 유도

 Cultural Insight

영어 브랜드 이름은 종종 성공, 자유, 혁신, 따뜻함, 모험 같은 문화적 이미지와 연결된다. 비영어권 소비자는 이러한 이름을 '글로벌 감각'으로 인식하며, 발음 그 자체가 신뢰와 세련됨의 상징이 되기도 한다.

Creative Activity

- '뜻을 몰라도 끌리는 브랜드 이름' 3개를 찾아보자.
  ① 왜 그 이름이 끌렸는가? (발음? 어감? 리듬?)
  ② 내가 생각하는 느낌과 그 브랜드의 실제 이미지가 일치하는가?
- 음절 수, 자음/모음 구조, 억양 패턴에 따라 브랜드 이름을 분류해보자.
  예 단음절 이름 (Nike, Lyft, Dove)
    반복구조 이름 (Coca-Cola, KitKat, LuluLemon)
    약자형 이름 (ASOS, IKEA 등)

CHAPTER 22
감정으로 설득하는 광고 문장 분석

광고의 문장은 정보를 전달하는 도구가 아니라, 감정을 움직이는 장치다. 특히 영어 광고 문장은 짧고 간결하면서도 감정의 결을 정밀하게 건드린다. 비록 단어 수는 적지만, 그 속에 담긴 감정은 크고 뚜렷하다.

브랜드는 '구매하라'고 말하지 않는다. 대신, '느껴라', '그렇게 되어보라', '그 감정에 너를 대입해보라'고 말한다. 이때 사용되는 영어는 단순한 설명 언어가 아니라, 감정을 설계하고 욕망을 호출하는 언어로 작동한다. 이러한 광고 문장은 제품을 넘어서 '삶의 방식'과 '감정적 정체성'을 제안한다. '무엇을 살 것인가'보다, '어떤 감정을 살 것인가'를 상상하게 만든다.

짧은 문장이지만, 그 안엔 소비자의 욕망과 이상, 불안과 갈망이 스며들어 있다. 감정은 행동을 유도하는 가장 빠르고 강력한 동기이기 때문에, 브랜드는 정보를 먼저 주기보다 마음을 먼저 건드리려 한다. 이처럼 감정 설득형 문장은 현대 광고 언어의 핵심 전략이 되었으며, 소비자는 단순한 고객이 아니라 '느끼는 존재', 감정과 연결되는 주체로 재정의된다.

이 언어는 구매를 유도하기보다는 정체성을 제안하고 감정의 자리를 만들어 주는데, 이러한 전략은 단지 영어 표현의 문제가 아니라, 언어가 문화 속에서 감정을 어떻게 구조화하는지를 보여주는 문화적 의미화의 코드이기도 하다. 슬로건 하나에도 젠더, 계급, 자존감, 기대 역할 같은 사회적 감정 구조가 녹아 있으며, 광고 문장은 그 안에서 현대인의 감정을 호출하고 재구성하는 언어적 기제가 된다.

예를 들어:

"Live in Levi's." (Levi's)
→ 청바지를 입으라는 말이 아니라, 브랜드가 제안하는 '삶의 방식' 속에 자신을 담아보라는 메시지다.

"Today tastes so good." (KFC)
→ 맛을 넘어서, 지금 이 순간의 감정과 만족을 강조하는 표현이다.

"Beauty has no age." (Olay)
→ 단순한 화장품 광고가 아니라, 나이에 대한 사회적 감정 구조를 전환하려는 제안이다.

"Hello Tomorrow." (Emirates)

→ 항공편이 아니라, 희망과 설렘이라는 감정적 미래를 제안하는 문장이다.

 Language Insight

광고 문장은 감정을 '묘사'하는 것이 아니라, '결정하게' 만든다.

감정을 자극하는 광고 문장은 단순히 감정 상태를 전달하지 않는다.

그 문장은 소비자에게 지금 이 감정을 느껴라, 혹은 이런 사람이 되어라고 감정의 방향과 정체성의 태도를 지정한다.

예를 들어:

"Own the moment." → 감정을 소유하라는 명령.

"Be proud.", "Stay real." → 자존감과 진정성이라는 정체성을 감정 상태로 제시한다.

"Dare to dream." → 두려움을 넘어서 꿈꾸라는 용기를 요구한다.

이처럼 감정 중심 슬로건은 형용사와 감정 동사, 그리고 2인칭 명령형을 조합해 감정, 정체성, 삶의 태도를 동시에 설계한다.

감정은 문장의 끝에 있지 않다.

감정이 바로 문장의 주어이고, 목적이고, 목표가 된다.

광고 문장은 감정을 행동으로 환원시키는 설계된 언어 구조이다.

Creative Activity

- 감정을 자극하는 광고 문장 5개를 수집하고, 주요 단어와 전략 분석하기
- "나의 하루"를 주제로 감정 중심 광고 문장을 직접 만들어 보기
- 슬로건과 문장을 연결해 감정 흐름이 어떻게 만들어지는지 스토리 보드 구성하기

광고 문장은 감정의 번역문이다. 당신이 누구이고, 무엇을 느끼고 싶은지를 말없이 끌어내며, 짧은 문장으로 정체성과 욕망을 묘사한다. 그 한 줄은 단순히 소비를 유도하는 문장이 아니라, 감정을 호출하고 자아를 설계하는 언어적 장치다.

CHAPTER 23
TV 광고 vs 유튜브 콘텐츠 속 영어

30초 안에 브랜드를 각인시키는 전통 매체와, 3초 안에 클릭을 유도해야 하는 디지털 플랫폼. TV 광고와 유튜브 콘텐츠는 단순히 형식만이 아니라, 영어의 길이, 리듬, 정서, 감정 설계 방식까지 다르다. TV 광고는 브랜드가 구축한 이미지, 철학, 감정적 메시지를 짧고 강렬한 한 줄로 압축한다. 슬로건과 내레이션은 대부분 정제되어 있으며, 감탄문·명령문·은유적 표현을 사용해 상징적 감정을 전달한다. 예를 들어 "Have a Break, Have a KitKat", "Red Bull Gives You Wings", "The Quicker Picker Upper" 같은 문장들은 일상 회화에서는 거의 사용되지 않지만, 브랜드 정체성과 감정을 하나의 리듬과 의미로 응축시킨다. 이 언어는 시각 이미지와 결합되어 감각적 상징으로 작동하고, 소비자의 기억 속에 하나의 기호로 각인된다. 광고의 문장이 단어 수는 적지만 감정의 농도는 짙은 이유가 바로 여기에 있다.

반면 유튜브 콘텐츠는 일상적이며 대화체적인 언어를 사용한다. 유튜버는 마치 친구에게 말하듯 제품을 소개하거나, 자신의 경험을 공유하며 공감을 유도한다. 광고보다는 후기처럼, 명령보다는 제안처럼 말한다. "솔직히 이거 쓰고 나서 진짜 루틴이 바뀌었어요", "지금 할인 중인데, 한 번 써보면 좋을 것 같아요", "피부 때문에 고민하신다면, 이거 꽤 괜찮아요" 같은 문장은 감정을 자극하기보다 관계를 만든다. 콘텐츠 제작자의 어투와 리듬, 감정의 진폭이 시청자의 몰입을 유도하며, 브랜드는 그 언어 뒤에 조용히 숨어든다. 유튜브의 영어는 정보 전달보다 연결과 공감에 더 가깝다. 제품을 소비하기에 앞서, 콘텐츠를 만든 사람을 신뢰하게 만들고, 그 말의 진심을 먼저 받아들이게 한다.

TV 광고의 영어가 기억에 남게 만드는 언어라면, 유튜브의 영어는 지금 바로 따라 말하고 싶은 언어이다. 하나는 정제된 공감의 구조를 따르고, 다른 하나는 감정 흐름의 즉흥성을 따른다. 이 차이는 단순한 어투나 문장 구조의 문제가 아니라, 플랫폼이 요구하는 감정 방식과 소통 전략의 차이에서 비롯된다. TV는 신뢰와 이미지 중심의 브랜드 언어를 구축하고, 유튜브는 공감과 친밀감을 주는 인간 언어를 구축한다. 결국, 언어는 말의 기술이 아니라 감정의 설계 방식이며, 영어 학습자에게 이것은 단지 문법을 외우는 일이 아니라, 언어를 감각하는 일로 확장된다.

Language Insight

"플랫폼이 언어의 감정을 결정한다."

영어 표현은 문법이나 어휘만으로 구성되지 않는다. 어떤 매체에서 사용되는가에 따라, 같은 표현이라도 감정의 톤과 전달 방식이 달라진다. TV 광고의 언어는 대체로 3인칭 시점의 설계된 메시지이다. 감정은 통제되어 있으며, 문장은 이미지와 함께 기호처럼 제시된다. 반면 유튜브 콘텐츠는 대부분 1인칭 또는 2인칭 화법, 즉 직접 대화체의 구조를 따른다.

말은 더 길고, 감정의 진폭이 크며, 문법적으로는 덜 정형화된 언어가 사용된다. TV 광고 문장은 흔히 명사 중심(예 performance, power, luxury)인 반면, 유튜브 콘텐츠의 문장은 동사 중심(예 try, check out, feel, recommend)이다. 또한, TV 광고는 "이 제품은 어떤 것이다"라는 객관적 진술을 강조하지만, 유튜브는 "내가 써봤고 좋았다"는 경험 기반 추천을 강조한다. 이처럼 플랫폼은 단지 언어를 담는 그릇이 아니라, 언어의 리듬, 정서, 관계방식을 바꾸는 문화적 장치가 된다.

Comparing Expression Patterns

상황	TV 광고 표현	유튜브 표현	뉴앙스 설명
제품 소개	Introducing the all-new flavor	So this just dropped... and wow.	TV는 공식 발표 유튜브는 개인의 놀람과 발견 공유
만족 표현	Satisfaction guaranteed.	Trust me, this slaps.	TV는 보증/품질 강조 유튜브는 공감, 감탄 강조
권유	Experience it now.	Go get yours- seriously	TV는 중립적 명령 유튜브는 감정 실린 압박/유머톤
기대 유도	Discover what's possible.	You won't believe what happened	TV는 가능성 강조 유튜브는 호기심/클릭 유도
후기 인용	Loved by millions.	This literally changed my life.	TV는 통계적 신뢰 유튜브는 감정적 과장

Creative Activity

- 광고 문장 클립 2개 수집 (TV 1, 유튜브 1), 비교 분석하기
- 자신이 자주 보는 유튜브 콘텐츠에서 인상 깊은 영어 표현 3가지 뽑고, TV 광고 스타일로 바꿔보기
- '내가 광고 기획자라면' – 하나의 제품을 TV 버전, 유튜브 버전 각각으로 광고 문장 구성하기

CHAPTER 24
광고 속 젠더와 정체성 코드

광고는 단순히 제품을 소개하는 매체가 아니다. 광고는 은밀하고 지속적으로 우리에게 '어떤 사람이 되어야 하는가'를 말한다. 특히 젠더(성별)에 따라 광고의 언어, 이미지, 그리고 메시지는 극명하게 다르다. 말투, 어휘, 장면의 구성까지 모두 성별에 따라 정교하게 조율되어 있다. 이러한 언어는 정보를 전달하는 동시에 정체성을 설계하는 문화적 장치로 작동한다.

광고는 흔히 '자유롭게 선택하라'고 말하지만, 그 선택이 가능해지는 조건부터 젠더에 따라 다르게 설정된다. 여성은 감정, 돌봄, 아름다움에 연결된 언어로 위치 지어지고, 남성은 성과, 통제, 속도, 능력과 같은 코드에 의해 규정된다. 단어의 선택부터 메시지의 흐름까지, 광고 언어는 성별에 따라 서로 다른 세계관을 상상하게 만든다.

예를 들어 여성용 제품에서는 종종 "당신을 위한 시간", "스스로를 아껴라"와 같은 표현이 사용된다. 이는 돌봄의 주체이자 감정의 관리자로서의 역할을 내면화하게 한다. 반면 남성용 광고는 "도전하라", "정복하라", "한계를 넘어서라"는 식의 명령문으로 구성된다. 여기서의 '남성다움'은 여전히 통제력, 추진력, 리더십의 언어로 포장된다. 같은 기능의 제품일지라도, 그 말걸기의 방식은 전혀 다르다.

더 주목할 점은 이러한 언어가 단지 성별 묘사에 그치지 않고, 특정한 사회적 자아와 감정 구조를 만들어낸다는 것이다. 광고 문장은 '여성은 이런 것을 좋아하고', '남성은 이런 상황에 끌린다'는 무의식적 가정 위에 서 있으며, 소비자는 그 프레임을 반복적으로 주입받는다. 이는 단순한 상업 전략이 아니라, 사회적 상상력의 경계를 설정하는 언어적 틀이다.

하지만 최근 들어 변화의 조짐도 보인다. 여성 모델이 권위적인 태도로 제품을 소개하거나, 남성이 감정을 표현하며 '돌봄의 주체'로 등장하는 사례들이 증가하고 있다. 예컨대 남성이 화장품을 추천하거나, 육아 브랜드에서 등장하는 캠페인에서 '아빠의 섬세함'이 강조되기도 한다. 이때 사용되는 언어는 기존의 젠더 코드와는 다른 감정을 보여주지만, 동시에 새로운 소비 정체성으로 흡수되며 브랜드의 전략으로 작동한다.

젠더 코드의 전복은 일시적 파열이 아니라, 감정과 정체성의 조정을 통한 '확장된 소비 가능성'으로 재구성되곤 한다. 즉, 감정의 영역이 여성에서 남성으로, 기능의 영역이 남성에서 여성으로 확장되는 식이다. 이는 기존 젠더 규범을 완전히 해체하는 것이 아니라, 경계를 부드럽게 옮겨가며 소비를 유도하는 정체성 설계 방식이다.

광고 속 젠더 언어는 이제 단순한 성별 묘사를 넘어서, 감정의 방향을 설정하고 정체성의 틀을 제안하는 상징 체계로 작동한다. '말하는 방식'은 곧 '존재의 방식'이 되고, 소비자는 그 언어를 따라 자신을 조율해간다. 우리는 광고가 무엇을 말하는가보다, 무엇을 말하지 않는가를 읽어야 한다. 광고는 이름을 부르지 않아도 늘 당신을 겨냥하며, 이렇게 속삭인다.

"당신은 어떤 사람이 되어야 한다고 믿는가?"

 Language Insight

광고 문장에서 젠더 코드가 드러나는 방식은 단어의 선택만이 아니라, 문장의 구조, 어조, 주어-동사 간의 관계에도 깊이 반영된다.

남성 대상 광고는 주로 명령문, 능동형 동사, 단문 구조를 사용해 즉각적 행동을 유도한다.

예 Take control.
Build your legacy.
Own the road.

반면 여성 대상 광고는 감탄문, 완곡한 표현, 감정 형용사와 수동적 구문을 자주 사용한다.

예 You're already beautiful.
Because caring is your strength.
Designed for your delicate skin.

이러한 차이는 단지 문법의 선택이 아니라, 사회적으로 기대되는 감정 표현 방식과 역할 수행의 방향성을 은연중에 구성하는 장치이다. 광고 속 영어는 단순한 문장이 아니라, 감정·정체성·역할을 포장한 사회적 문법이다.

Cultural Insight

광고는 단순한 소비 제안이 아니라, 사회가 기대하는 젠더 정체성을 암묵적으로 주입하는 도구가 되기도 한다. 여성은 종종 '부드러움', '배려', '감성'을 중심으로 묘사되고, 남성은 '결단력', '통제', '실행력'을 중심으로 그려진다. 예를 들어, 향수 광고에서 여성이 고요한 숲속에서 감각을 느끼는 장면이 나온다면, 남성 향수 광고는 도심 속 질주나 성공의 정점을 묘사하는 경향이 강하다. 젠더에 따른 광고 메시지는 감정의 구조 자체를 젠더화하며, 소비자 삶의 역할까지 언어로 설계한다.

Creative Activity

- 여성/남성 대상 광고 각 1편씩 분석하고, 표현과 이미지 비교하기
- 기존 광고 문장을 성별 바꿔보기 → 어떤 변화가 생기는지 탐구
- 나만의 성 중립적 광고 문구 만들기 → "누구에게나 어울리는" 언어란?

CHAPTER 25

광고는 문법을 파괴하는가?

언어의 창의성 분석

　광고 문장은 자주 문법의 경계를 넘는다. 문장을 생략하거나, 의도적으로 파편화하고, 대명사나 전치사를 생략해 직접적인 의미보다는 감각과 인상을 전달하는 경우가 많다. 예를 들어 "Unleash power.", "No rules. Just right.", "Refreshes. Naturally." 불완전하고 압축된 문장들은 정보를 설명하지 않지만, 보는 사람의 상상력을 자극하고, 언어의 규칙보다 감각과 리듬을 앞세운다. 단어 하나, 문장 한 줄이 이미 지처럼 머리에 남고, 감정을 자극하며, 브랜드 메시지를 더 강하게 각인시킨다.

　이러한 문법 파괴는 실수가 아닌 의도적인 전략이다. 정보의 홍수 속에서 소비자의 눈과 귀에 더 빠르게, 더 강하게, 더 직관적으로 도달하기 위한 언어적 실험이며, 디지털 시대의 언어 감각에 맞춘 새로운 문체이기도 하다. 마치 시처럼 함축적이고, 구어처럼 직관적인 광고 언어는 이제 독자에게 '읽히기'보다 '느껴지기'를 요구한다. 예를 들어, "Think different."(Apple)은 문법적으로는 "Think differently."가 맞지만, 형용사를 써서 감각적 충격과 창의적 인상을 동시에 남긴다. "Got Milk?"(California Milk Processor Board)는 주어와 조동사를 생략함으로써 의문문의 리듬감을 높이고, 감각적으로 도달한다. "Live Your Best Life."(Oprah's brand)는 명령형 동사에 감정적 메시지를 결합하여 희망, 치유, 성장이라는 정서적 이미지를 압축해 전달한다.

이처럼 문법을 파괴하는 이유는 단순히 파격을 위한 것이 아니라, 다음과 같은 효과를 노린 전략이다. 첫째, 리듬감이다. 불완전한 문장은 오히려 강한 리듬을 만들어내고, 짧은 충격이 청자의 기억에 오래 남는다. 둘째, 브랜드의 정체성 전달이다. 문법을 파괴함으로써 브랜드는 자신만의 말투와 언어적 세계관을 구축한다. 셋째, 청중과의 친밀감이다. 완벽하게 다듬어진 문장보다는, 말하듯 던지는 문장이 더 자연스럽고 친숙하게 다가온다.

디지털 환경에서는 해시태그(#)나 이모티콘, 단어 반복, 소문자 전용 타이포그래피 등을 활용해 시각적 문법 파괴도 일어난다. 예 "#coffee-lover ☕ every. single. day."와 같이 텍스트 자체가 리듬과 감정을 시각화하는 기능을 수행한다. 이는 단순한 파격이 아니라, 감각을 설계하는 새로운 언어 방식, 곧 '시각적 문법(visual grammar)'이라 할 수 있다.

광고 언어는 이제 문법을 따르기보다, 그 문법을 비틀어 더 선명하게 감각에 닿는다. 문법은 때로 가이드가 아니라, 브랜드 감각을 증폭시키는 도구가 된다.

Cultural Insight

광고에서 문법을 파괴하는 방식은 단순한 스타일이 아니라, 동시대 문화의 언어 감각을 반영한다. 전통적인 언어 규범이 '정확함'과 '권위'를 상징했다면, 현대 소비문화는 직관, 리듬, 감정을 우선시한다.

MZ세대라고 불리는 밀레니얼과 Z세대는 완벽하게 다듬어진 문장보다 말하듯 자연스럽고 감각적인 표현에 더 잘 반응한다. 그래서 광고 문장도 문법적인 완결성보다 인상 깊고 공감할 수 있는 표현을 더 중요하게 여기게 되었다. 이런 변화에는 디지털 플랫폼의 영향도 크다. 인스타그램, 유튜브, 틱톡처럼 빠르게 소비되는 환경에서는 짧은 시간 안에 감정을 전달해야 하기 때문에, 압축적이고 때로는 규범을 벗어난 표현이 더 익숙하게 느껴진다.

나아가 문법 파괴는 종종 기성 권위에 대한 거부, 창의성의 선언, 브랜드 정체성의 차별화 수단으로 작동한다. 예 "Think different."는 단지 제품 광고가 아니라, 기존 질서에 도전하는 철학적 언어로 읽힌다. 즉, 문법 파괴는 단순한 언어유희가 아니라, 현대 소비자와 문화를 연결하는 감각적 코드로 작동한다.

Creative Activity

- 문법을 의도적으로 깨는 광고 문장 3개 찾아보기
- 표준 문장과 비교해 어떤 효과가 있는지 분석하기
- '나만의 광고 문장' 만들기: 짧고 강렬하지만, 문법의 경계를 넘어선 문장 구상하기

광고 언어와 권력
누가 말하고, 누가 침묵하는가?

광고는 단순한 메시지 전달을 넘어서 권력의 언어를 행사하는 공간. 어떤 이야기가 중심에 서고, 어떤 목소리가 배제되는지에 따라 광고는 사회적 서사를 형성하거나 왜곡한다. 단순히 무엇을 보여주는가보다 '누구의 시선으로 무엇을 말하는가'가 광고의 의미를 결정짓는다. 광고 언어는 더 이상 정보 전달 수단이 아니라, 말할 수 있는 자격을 규정하고, 말해지지 않는 침묵을 구조화하는 담론 장치이다.

권력은 단순히 억압하거나 명령하는 것이 아니라, 우리가 무엇을 말하고, 어떻게 생각하며, 누구의 말에 귀 기울이는지를 결정하는 방식으로 작동한다. 광고는 이러한 권력의 한 형태로, 어떤 말이 믿을 만한지, 누구의 목소리가 '공적인' 자격을 갖는지를 보여준다. 이 과정에서 광고는 단순히 소비를 유도하는 데 그치지 않고, 특정한 정체성을 중심에 두고 다른 정체성은 지워지거나 왜곡되도록 만든다.

예를 들어 광고 속 영어 표현은 자주 '누가 말할 자격이 있는가'를 분명히 나눈다. '표준 영어(Standard English)'를 사용하는 화자는 지적이고 신뢰할 수 있는 이미지로 설정된다. 이들은 보통 백인, 중산층, 도시적 정체성을 가진 주체로 등장하며, 그들의 말은 곧 '중심 서사'가 된다. 그 말투는 '정상성'을 대표하고, 시청자에게 신뢰와 동조를 요구한다. 반면, 흑인 영어(African American Vernacular English, AAVE), 라틴계 영어 억양, 동아시아식 억양 등은 종종 부차적 인물에게 배치되거나, 특정 정체성의 유희적 요소로만 소비된다. 이는 언어의 차이가 단순한 스타일이 아니라, 누가 지배적이고 누가 주변적인지를 결정하는 상징적 위계 구조임을 드러낸다.

슬랭(slang)을 쓰는 화자는 자유롭고 개성 있는 인물로 그려지기도 하지만, 동시에 비주류 혹은 '쿨한 주변인'으로 설정되는 경우가 많다. 그들의 말은 즐겁지만, 중심을 차지하지는 못한다. TV 광고, 유튜브 콘텐츠, 인플루언서 캠페인 속 언어 모두가 이 권력 구조 안에서 기능하며, 결국 '누가 중심에서 말하고, 누가 배경으로 존재하는가'를 보여주는 언어의 정치학을 구성한다. 광고 속에는 항상 '공식의 언어'와 '허용된 일탈의 언어'가 존재하며, 전자는 권위와 신뢰를 상징하고, 후자는 소비 가능한 다양성으로만 기능한다.

광고 속 언어는 '무엇을 말하는가'보다 '누가, 어떤 방식으로 말하는

가'에 더 큰 힘을 가진다. 표준 영어 사용자, 대개 백인 중산층 남성 혹은 여성은 광고에서 신뢰와 권위의 목소리로 설정된다. 반면, 비표준 억양이나 방언은 유머나 특수 상황에 한정된 역할로 소비된다. 예컨대, "You're worth it"이라는 문장이 만약 동아시아 억양을 가진 화자에게서 나왔다면 동일한 메시지라도 광고의 인상과 설득력은 달라졌을 것이다. 억양은 단순한 언어 스타일이 아니라, 사회적 자격과 정체성을 구분하는 코드로 작동한다.

이러한 언어 전략은 말투 하나, 억양 하나를 통해 소비자를 '포함하거나' 혹은 '배제한다'. 제품은 같지만, 그 제품을 말하는 사람의 정체성에 따라 '신뢰도'와 '소속감'이 달라진다. 부르디외(Pierre Bourdieu)가 말한 것처럼, 사회는 특정한 언어 스타일에 더 높은 상징 자본을 부여하며, 이를 구사할 수 있는 사람만이 권위 있는 자로 받아들여진다. 광고는 그 구분을 시각적으로, 청각적으로 명확하게 드러내는 상징 시스템이다.

한국 광고 역시 예외가 아니다. 영어 표현이 들어간 광고에서 원어민 발음은 '전문성'과 '글로벌함'을 상징하는 반면, 한국식 억양의 영어는 여전히 '코믹'하거나 '학습 중인' 이미지로 소비되는 경우가 많다. 예능 프로그램에서 외국인 출연자의 억양이 웃음 코드가 되거나, 광고 속 영어가 원어민 발음에 더 큰 신뢰를 부여받는 현상은 언어 권력의 지역적 변형을 보여준다. 영어는 한국 사회에서도 단순한 외국어가 아니라, 계층과 이미지의 구분선으로 작용하고 있다.

결국 광고 언어는 단순히 제품을 팔기 위한 수단이 아니다. 그것은 누가 중심이 될 수 있는가, 누가 배경이어야 하는가를 반복적으로 설정하고 재생산하는 언어적 권력의 실천이다. 침묵하는 자는 말하지 못해서가 아니라, 말할 자격을 부여받지 못한 이들이다. 광고는 그 자격의 경계를 정하는 언어적 지도이며, 우리 모두는 그 지도 위에서 무언가를 '말할 수 있는 자'로서 혹은 '말해지지 않는 자'로서 배치된다.

광고는 단순한 마케팅 도구가 아니라, 문화적 규범과 권력 관계를 시각적으로 구성하는 기제다. 글로벌 브랜드 광고에는 대개 백인, 슬림한 체형, 표준 영어를 사용하는 인물이 등장한다. 예컨대 "Confidence looks good on you."라는 문장은 슬림한 금발 모델과 함께 등장하면서, 특정 외모와 말투가 '자신감'의 기준처럼 보이게 만든다.

이러한 광고는 지역성과 다양성을 배경으로 소비하면서도, 주체의 자리에 오르는 인물은 한정적이다. 예를 들어 열대 해변에서 현지인이 춤을 추는 장면 위에 "Feel the vibe."라는 문장이 삽입되면, 그들은 배경이자 '분위기'의 연출 도구로 기능한다. 광고는 어떤 몸과 어떤 목소리가 중심이 되는지를 반복적으로 규정한다.

Creative Activity

- 광고 한 편을 선택하여 등장 인물, 언어 스타일, 배경 설정을 분석해보자. 어떤 사람은 '주체'이고, 어떤 사람은 '배경'인가?
- 광고 속 영어 표현을 비판적으로 재구성해보기: 누구에게 말 걸고, 누구를 배제하고 있는가?
- 억양의 차이에 따라 광고 효과가 달라지는 사례를 조사해 발표해 보기.

광고는 단지 소비만을 권유하지 않는다. 그 속에는 누가 목소리를 가질 수 있는지, 누가 무대 위에 설 수 있는지가 숨어 있다.

CHAPTER
27

밈이 말하는 시대, 광고가 달라졌다

스마트폰을 켜는 순간, 우리는 광고의 메시지 속에 잠긴다. 유튜브 광고, 브랜드 슬로건, 인스타그램 피드, 틱톡 챌린지, 그리고 수많은 해시태그와 밈. 짧고 강렬한 영어, 이미지와 영상, 반복되는 유행어와 유머가 우리의 언어 감각과 커뮤니케이션 방식을 변화시킨다. 스마트폰을 켜는 그 순간, 우리는 브랜드 메시지와 밈 언어가 뒤섞인 디지털 광고의 바다에 뛰어든다.

광고는 더 이상 전통 매체에 머무르지 않는다. TV나 잡지를 통한 일방적 메시지는 소셜 미디어 플랫폼 속 유저 참여형 콘텐츠로 진화했고, 그 중심에는 해시태그와 밈, 챌린지라는 새로운 언어 형식이 존재한다.

해시태그는 단순한 키워드가 아니다. #OOTD(Outfit of the Day), #NoFilter, #ButFirstCoffee, #SelfCareSunday 같은 표현은 검색을 위

한 도구이자, 일상과 감정, 정체성을 선언하는 디지털 언어다. 이 해시태그들은 시각적 콘텐츠와 결합하며 자신의 세계관과 감정을 타인과 공유하는 창이 된다. 무엇을 말할지보다 어떻게 묶일지가 중요해지는 구조 속에서 해시태그는 디지털 정체성과 소속감을 표출하는 사회언어학적 기호가 된다. 브랜드는 이를 간파하고, 해시태그를 통해 소비자와의 직접 소통을 유도한다. 단순히 팔로워를 늘리는 목적이 아니라, 사용자로 하여금 브랜드 서사의 일부가 되도록 만드는 것이다. 예컨대 스타벅스의 #RedCupContest는 사용자의 사진 참여를 통해 브랜드 시즌 마케팅을 일상 속 놀이로 확장시켰다. 더 나아가 해시태그는 감정의 흐름을 실시간으로 포착하는 도구이기도 하다. #MondayBlues, #Blessed, #Mood, #Grateful 등의 태그는 사용자 간 공감대를 생성하며 감정 언어의 흐름을 디지털상에서 시각화하는 기제가 된다.

틱톡과 인스타그램의 급성장은 챌린지를 중심으로 한 콘텐츠 생산 문화를 만들어냈다. 광고 캠페인은 이제 소비자에게 "봐 달라"는 요청이 아니라 "함께 해 달라"는 초대의 메시지로 바뀌었다. #IceBucketChallenge는 ALS(Amyotrophic Lateral Sclerosis: 루게릭병) 환자에 대한 관심을 환기시키며 수백만 명의 참여를 이끌어낸 대표적인 소셜 챌린지이다. 이는 단순한 유행을 넘어 사회적 행동을 이끌어내는 감정적 서사로 작동했다. 나아가 #InMyFeelingsChallenge, #DontRushChallenge, #LevelUpChallenge 등은 브랜드와 관계없이 자생적으로 탄생한 챌린지가 콘텐츠화되고, 다시 브랜드에 의해 포섭되는 구조를 보여준다. 이러한 챌린지는 플랫폼 알고리즘, 비주얼 스토리텔링, 놀이와 경쟁의 구조를 결합하면서도, 개인의 개성과 창의성을 기반으로 이루어지기에 참여자에게 능동적 만족감을 제공한다. 광고는 더 이상 콘텐츠가 아닌 행동이며, 챌린지는 그 언어다.

밈(Meme)은 본래 리처드 도킨스가 『이기적 유전자』에서 제시한 문화 유전자의 개념에서 출발한다. 그러나 오늘날 밈은 인터넷 상에서 짧은 이미지, 유머 코드, 상징적 텍스트가 결합된 콘텐츠 단위로 자리잡았다. 밈은 매우 빠르게 복제되고, 파생되며, 수정된다. 광고에서 밈은 감정과 유머의 속도전을 벌이는 수단이다. 예컨대 웬디스(Wendy's)는 트위터에서 재치 있고 짓궂은 말대꾸(clapback)로 타 브랜드나 소비자와 유쾌하게 소통하며 브랜드 충성도를 높였다. 듀오링고(Duolingo)는 자사 마스코트인 부엉이를 밈 캐릭터로 적극 활용해 귀엽지만 무서운 존재라는 반전 캐릭터를 만들며 온라인에서의 밈화를 성공시켰다. 한편, 밈은 저항의 언어이기도 하다. 풍자와 유머는 체제에 대한 비판, 사회적 불만, 세대 간 거리감을 유머로 표현하는 방식으로 전환된다. 밈은 비정치적인 것처럼 보이지만, 그 속에는 시대정신과 세대 정체성이 농축되어 있다. 밈을 둘러싼 이러한 감정의 흐름은 결국 사용자 중심의 광고 구조로 연결된다.

이제 광고의 주체는 브랜드가 아니라 소비자다. 사용자 생성 콘텐츠(UGC)는 광고 메시지를 일방적으로 소비하는 것이 아니라, 적극적으로 재해석하고 재생산하는 흐름을 만든다. 해시태그는 콘텐츠를 분류하고 확산시키는 메타언어로, 챌린지는 참여를 유도하는 행동적 언어로, 밈은 감정과 집단 정체성을 담는 은유적 언어로 작동한다. 이 세 가지는 서로 분리된 것이 아니라, 하나의 콘텐츠에서 유기적으로 얽힌다. 예컨대, 틱톡의 브랜드 챌린지는 해시태그를 중심으로 퍼지고, 밈적 구조를 통해 유저 간 모방과 창작을 유도하며, 결과적으로 하나의 거대한 공동 창작물로 귀결된다.

광고의 언어는 이제 사회적 메시지의 매개체가 되었다. #MeToo, #BlackLivesMatter, #FridaysForFuture, #StopAsianHate 같은 해시태그는 전통 미디어를 거치지 않고도 전 세계 수천만 명의 행동을 조직했다. 이들은 단순한 슬로건이 아니라 디지털 시대의 저항, 공감, 연대의 문법으로 작동한다. 특히 젊은 세대에게 있어 해시태그는 자기표현 이상의 의미를 갖는다. 그것은 정체성의 정치, 감정의 공유, 문화적 위치 선언이다. 해시태그와 밈을 통해 구성되는 감정의 흐름은, 집단적 공감대를 형성하고 사회적 변화를 이끄는 집단 에너지의 원천이 된다.

이러한 소셜 미디어 광고 언어는 영어 학습의 훌륭한 자료가 된다. 짧고 강한 문장, 반복되는 유행어, 영상·자막·음악처럼 여러 요소가 결합된 콘텐츠, 실시간 피드백, 유저 참여 기반의 콘텐츠 구조는 전통적 영어 학습에서 얻기 힘든 실용적이고 감각적인 언어 경험을 제공한다. 예를 들어 다음과 같은 활동은 교육적으로 활용 가능하다. 해시태그를 분석해 감정 코드 읽기, 인기 챌린지를 따라하며 명령문과 동사 표현 학습, 밈 이미지에 직접 영어 자막을 달아보는 활동, 브랜드 밈 캠페인을 비교 분석하는 발표, 사회운동 해시태그를 중심으로 한 토론 활동 등은 학생의 언어 능력뿐 아니라 디지털 문화 이해력도 함께 기를 수 있다. 이제 광고는 일방적 전달이 아니라 집단 창작의 장이다. 누구나 참여하고, 변형하고, 공유하는 시대. 해시태그로 감정을 선언하고, 밈으로 세대 감각을 공유하며, 챌린지로 행동하는 커뮤니티가 탄생했다.

광고의 언어는 곧 감정의 언어, 정체성의 언어, 연결의 언어다. 그 언어를 해석한다는 것은 단순한 트렌드 쫓기가 아니라, 21세기 문화가 어떻게 형성되고 소통되는지를 읽는 일이다. 소셜 미디어 광고의 언어는 우리 모두가 쓰는, 그리고 함께 살아가는 세상의 새로운 문화적 문법이다. 이 언어를 이해하고 재구성하는 일은, 단순한 트렌드 분석을 넘어 오늘날 우리가 살아가는 세계의 상호작용 방식을 통찰하는 일이기도 하다.

Cultural Insight

해시태그, 밈, 챌린지가 만들어내는 디지털 시대의 문화적 의미

소셜 미디어 광고의 언어는 단순한 정보 전달이나 브랜드 홍보를 넘어서, 참여와 정체성, 감정과 소속감, 유머와 연대를 구성하는 현대 문화의 핵심 코드로 기능한다. 해시태그는 개인의 감정을 실시간으로 연결하며, 밈은 세대 고유의 유머 코드와 풍자 문법을 전달하고, 챌린지는 브랜드와 사회운동을 모두 담아내는 '디지털 퍼포먼스'로 작동한다.

이 언어들은 모두가 쉽게 참여할 수 있는 구조를 갖고 있으며, 동시에 플랫폼 알고리즘과 바이럴 메커니즘을 이용해 자연스러운 확산을 만들어낸다. 그 결과 해시태그 하나, 밈 하나, 챌린지 하나에는 당대의 유행과 정서, 저항과 연대, 브랜드와 정체성의 복합적 관계가 응축되어 있다.

광고는 이제 더 이상 기업의 일방적 메시지가 아니라, 사용자 참여와 해석, 재창조를 전제로 한 '공동 창작 언어'로 기능하며, 이를 통해 영어 학습자와 문화 관찰자는 새로운 언어 사용 방식, 감정 표현, 의미

구성의 전략을 관찰하고 습득할 수 있다.

 Creative Activity

1. 최근 유행하는 영어 밈 이미지를 수집해 해석하고, 어떤 감정·문화적 코드가 담겼는지 분석해 발표하기
   예 It's the ____ for me 밈에 자신만의 문장 만들기

2. 비평적 토론 – 광고인가 놀이인가?
   - 밈과 챌린지는 진짜 유저의 문화일까, 아니면 브랜드가 만든 착각일까?라는 주제로 토론
   - 광고적 기능과 문화적 자율성의 경계를 스스로 탐색

3. 밈 번역·각색 프로젝트
   - 영어 밈을 한국어로 자연스럽게 번역해보고, 문화적으로 어떤 차이가 발생하는지 토론
   - 반대로 한국 밈을 영어권 청중을 위해 각색해보기

CHAPTER 28
광고는 문화를 입는다

　글로벌 브랜드의 광고 캠페인은 단지 제품을 알리는 데 그치지 않는다. 그 속에는 각 나라의 문화, 가치관, 소비자의 감정, 그리고 브랜드가 세상과 소통하는 방식이 고스란히 담겨 있다. 한 나라에서 성공한 캠페인이 다른 나라에서는 전혀 통하지 않는 경우가 있다. 그 이유는 단순한 언어의 장벽이 아니라, 문화적 맥락과 감정의 코드, 그리고 소비자가 세상을 바라보는 방식의 차이 때문이다. 글로벌 커뮤니케이션의 실패는 번역의 오류에서 비롯되는 것이 아니라, '감정의 언어'와 '문화적 리듬'을 읽지 못했을 때 발생한다. 오늘날 글로벌 브랜드들은 '하나의 메시지'만으로는 세계 시장을 사로잡을 수 없다는 사실을 잘 안다. 소고기를 먹지 않는 인도 문화에 맞춰, 맥도날드는 감자 패티 버거인 '맥알루 티키(McAloo Tikki: Spicy Potato Patty)'를 만들었다. 코카콜라는 멕시코 시장을 위해 더 달콤하고 상큼한 맛을 추가했고, 일본에서는 녹차 맛 콜라를 출시했다. 이케아는 사우디아라비아에서 여성의 히잡 착용 이미지를 카탈로그에 반영하고, 중국에서는 전통 건축 양식을 매장에 도입했다. 이처럼 브랜드는 각 나라의 문화적 특성을 존중하고, 현지 소비자와 진짜로 소통하기 위해 캠페인과 제품을 끊임없이 현지화한다. 현지화는 단순한 적응이 아니라, 문화적 공감과 정체성의 재설계다.

문화적 차이는 광고 문장 하나, 색상 하나, 심지어 등장인물의 표정과 제스처에도 영향을 미친다. 미국 광고는 종종 '지금 바로 행동하라', '자신을 믿어라'는 메시지를 반복하며, 개인의 자율성과 감정에 호소한다. 슬로건은 점점 더 짧고 단호해지며, 감정을 움직이는 문장으로 브랜드와 삶을 연결한다. 반면 일본이나 중국, 인도 등 집단주의 문화에서는 가족, 공동체, 전통, 조화가 중요한 메시지로 등장한다. 나이키는 중국에서 가족과 친구가 함께 운동하는 모습을 광고에 담고, 매년 10~11월에 열리는 디왈리(Diwali: 인도 최대 명절) 시즌에는 '함께 나누는 기쁨'을 강조한 캠페인을 펼친다. 맥도날드는 미국에서는 '나만의 주문, 나만의 속도'를 강조하지만, 아시아에서는 가족 식사와 함께하는 따뜻한 이미지를 내세운다. 같은 브랜드라도 '누구를 향해 말하느냐'에 따라 메시지 구조와 감정 포인트가 완전히 달라지는 것이다.

언어의 차이도 중요한 변수다. 한 글로벌 음료 브랜드는 각 나라에서 인기 있는 이름을 병에 새겨, 소비자가 자신의 이름이 적힌 콜라를 찾고 친구와 나누는 경험을 만들었다. 이처럼 단순한 번역이 아닌, 각국의 이름 문화와 소통 방식을 세심하게 반영한 전략이었다. 슬로건 하나도 단어 선택, 어감, 리듬, 심지어 발음까지 현지에 맞게 변형된다.

예를 들어, 같은 문장이라도 미국에서는 긍정적 에너지와 자유를 상징하지만, 일본에서는 '함께 나누는 기쁨', 멕시코에서는 '가족의 축제'처럼 전혀 다른 정서로 읽힌다. 이처럼 트랜스크리에이션(Transcreation)은 언어를 바꾸는 작업이 아니라, 감정을 공감의 언어로 재구성하는 일이다.

컬러와 상징도 문화적 맥락에 따라 달라진다. 서양에서 흰색은 순수와 결혼을 상징하지만, 동아시아 일부 문화에서는 상복의 색이다. 빨간색은 중국에서는 행운과 부를, 서양에서는 열정과 위험을, 중동에서는 종종 금기 색으로 인식된다. 이런 차이를 모르면, 브랜드 이미지는 현지에서 오해를 살 수 있다. 그래서 글로벌 브랜드들은 광고 이미지와 색상, 심볼을 현지 문화에 맞게 조정한다. 색은 단순한 디자인 요소가 아니라, 문화적 감정과 사회적 의미가 담긴 '시각적 언어'다.

현지화는 단순한 번역이나 표면적 이미지 변경을 넘어선다. 브랜드는 현지 소비자와의 진짜 연결을 위해, 지역의 명절, 관습, 사회적 이슈까지 캠페인에 반영한다. 예를 들어, 인도의 디왈리 시즌에는 가족과의 재회, 선물, 나눔을 강조하는 광고가 쏟아진다. 미국의 크리스마스 캠페인은 가족, 따뜻함, 기부, 희망을 전면에 내세운다. 이처럼 명절과 전통을 활용한 캠페인은 소비자의 감정에 깊이 스며들며, 브랜드에 대한 친밀감과 신뢰를 높인다. 감정의 공감은 가장 강력한 마케팅 자산이다. 브랜드가 문화 안으로 들어갈수록 소비자도 브랜드 안으로 들어온다.

문화적 다양성과 포용성도 현대 글로벌 캠페인의 중요한 키워드다. 리한나의 펜티 뷰티(Fenty Beauty)는 **Beauty for All** 캠페인에서 50가지 이상의 파운데이션 색상을 출시하며, 모든 인종과 피부색을 포용하는 브랜드 이미지를 구축했다. 이 캠페인은 단순한 제품 출시를 넘어, 모든 여성은 아름다울 권리가 있다는 강력한 문화적 메시지로 전 세계에 확산됐다. 이후 수많은 뷰티 브랜드가 포용성과 다양성을 강조하는 캠페인을 잇따라 선보였다. 소수의 목소리를 듣는 브랜드는 다수의 지지를 얻는다. 다양성은 도덕적 언어가 아니라, 전략적 가치를 지닌 마케팅 언어다.

  브랜드는 현지의 실질적 목소리를 반영하기 위해, 실제 소비자와 커뮤니티의 이야기를 광고에 담는다. Bumble의 Find Me on Bumble 캠페인은 뉴욕의 다양한 직업, 인종, 성별, 배경을 가진 실제 이용자들의 이야기를 짧은 영상으로 소개하며, 이 플랫폼에서 누구나 새로운 인연과 기회를 만날 수 있다는 메시지를 전달했다. 웰스파고의 스토리텔링 캠페인은 다양한 가족과 커뮤니티의 실제 금융 경험을 통해, 금융 서비스가 각 문화의 전통과 가족 가치, 세대 간 꿈과 연결된다는 점을 강조했다. 이야기의 주체가 브랜드가 아니라 '소비자 자신'일 때, 캠페인은 더 깊은 신뢰를 얻게 된다.

  현지화와 문화적 적응은 단순히 '현지 소비자에게 잘 보이기' 위한 전략이 아니다. 진정성(authenticity)이 없는 캠페인은 오히려 역효과를 낳을 수 있다. 실제 소비자, 지역 커뮤니티, 현지 전문가와의 협력, 그리고 세심한 문화 연구가 필수적이다. 브랜드 내부에 다양한 문화적 배경을 가진 팀을 구성하고, 현지 소비자와 직접 소통하며, 그들의 목소리와 경험을 캠페인에 반영하는 것이 진정한 글로벌 마케팅의 출발점이다. '현지회'는 전략이 아니라 태도이며, 문화적 민감성은 데이터가 아닌 관계에서 자란다.

  디지털 시대의 글로벌 캠페인은 소셜 미디어와 결합해, 해시태그 챌린지, 밈, 사용자 생성 콘텐츠(UGC), 인플루언서 마케팅 등 다양한 방식으로 문화적 대화를 확장한다. 특정 국가에서 시작된 밈이나 챌린지가 전 세계로 확산되며, 각 나라의 소비자들은 자신만의 방식으로 브랜드 메시지를 재해석하고, 새로운 문화적 코드를 만들어낸다. 이 과정에서 브랜드는 단순한 메시지 전달자가 아니라, 문화적 대화와 창작의 장을 여는 플랫폼이 된다. '글로벌 캠페인'은 하나의 메시지를 세계에 전달하는 것이 아니라, 세계의 언어를 하나의 메시지로 엮어내는 일이다.

글로벌 브랜드 캠페인의 성공은 결국, '누구에게 말을 거는가', '어떤 언어와 상징으로 다가가는가', '그 문화의 감정과 가치를 얼마나 진정성 있게 존중하는가'에 달려 있다. 현지 소비자와의 진짜 소통, 문화적 다양성에 대한 존중, 그리고 시대의 변화를 읽는 감각이 글로벌 브랜드를 단순한 상품이 아니라, '문화의 일부'로 자리매김하게 만든다. 광고는 상품을 팔기 위한 언어가 아니라, 문화를 만들고 연결하는 언어가 된다.

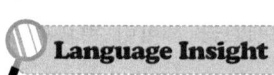

Emotion Translation

직역이 아닌 문화 감정 코드에 맞춘 의미 번역. 슬로건의 말맛뿐 아니라, 감정의 리듬과 사회적 공명을 고려하는 고급 언어 전략.

Contextual Messaging

동일한 문장이라도 문화적 맥락에 따라 의미가 달라질 수 있음을 고려한 설계. 소비자의 사회적 역할, 정서 반응, 일상 언어 구조를 반영해야 효과적임.

Cultural Fluency

언어 능력을 넘어서 문화적 함의를 자연스럽게 이해하고 말하는 감각. '언어 잘함'보다 '문화적으로 듣고 말할 줄 앎'이 더 중요해지는 시대.

Emotive Reframing

기존 브랜드 메시지를 다른 감정 프레임에 맞게 변형해 타 문화권에 어필하는 전략. 핵심은 동일하지만, 문화별 감정구조에 따라 다른 어휘와 톤으로 전달.

예 미국의 'freedom' → 일본에서는 'harmony'로, 한국에서는 'self-respect'로 리프레이밍

Glocal Rhythm

글로벌 브랜드가 현지의 언어 리듬, 억양, 표현 습관을 반영해 문장을 조율하는 전략. 말의 속도, 강조 위치, 반복 사용까지 포함하는 감각적 언어 조정.

Cultural Proximity Language

'현지어'가 아니라, 현지 문화 정체성과 '가깝다'고 느끼게 하는 언어. 억양, 표현 방식, 단어 선택에서 '우리 말처럼 들리는 영어'를 만들 수 있어야 진정성 전달 가능.

Narrative Locality

이야기의 구조와 방식도 문화별로 다름. 브랜드 스토리텔링에서 영웅의 여정, 공동체 서사, 조상 전통, 세대 간 가치 등이 어떤 식으로 구성되는지를 고려해야 함.

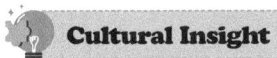 서구 = 개인의 성장 , 동아시아 = 가족과 조화, 인도 = 운명과 기회

Multisensory Language Adaptation

언어뿐 아니라 색, 소리, 제스처, 시각 이미지에 이르기까지 '감각 전반'을 현지 문화 코드에 맞춰 재조정하는 포괄적 커뮤니케이션 전략.

Cultural Insight

글로벌 브랜드 캠페인은 단순히 제품을 알리는 데 그치지 않는다. 그것은 서로 다른 문화 간 감정의 리듬과 가치 체계를 연결하는 다리이며, 언어를 넘어 공감의 언어, 정체성의 언어를 설계하는 일이다.

하나의 슬로건으로 전 세계 소비자의 마음을 사로잡는 일은 점점 어려워지고 있다. 단일 메시지가 아닌, 현지의 정체성과 브랜드의 정체성을 교차시키는 감정적이고 문화적인 설계가 요구된다.

표면적인 현지화나 기계적 번역은 오히려 소비자의 거리감을 만들 수 있다. 반대로, 세심한 문화 존중과 진정성 있는 스토리텔링은 브랜드에 대한 깊은 신뢰와 충성도를 만든다.

오늘날 광고는 더 이상 일방적 전달이 아니라, 소비자와 함께 만드는 문화의 대화다. 브랜드는 제품을 파는 존재를 넘어, 미래의 감정과 가치를 함께 나누는 문화적 주체로 나아가고 있다.

Creative Activity

- 글로벌 브랜드의 현지화 캠페인(맥도날드, 코카콜라, 나이키, 이케아 등)을 조사해, 각 나라에서 어떻게 문화적 차이를 반영했는지 영어로 비교해보기
- 감명 깊었던 글로벌 광고 영상 하나를 선택하고, 그 안에 담긴 문화 상징, 색, 인물, 스토리텔링 구조를 분석하고 영어로 정리해보기

CHAPTER 29

세상을 바꾸는 광고의 언어

우리는 매일 광고 문장을 읽고 듣는다. 버스 정류장에서, 유튜브 영상 시작 전에, 커피 잔 옆 슬리브에, 에스컬레이터 벽면에서. 그 짧은 문장 하나가 눈에 들어오고, 머리에 남고, 때로는 삶의 선택을 바꾸기도 한다. 광고는 언어를 통해 사람을 설득하고, 감정을 건드리고, 행동을 이끈다. 특히 환경, 공정, 사회적 책임과 같은 가치를 담은 광고일수록, 그 말 한마디가 어떤 식으로 설계되었는가에 따라 그 메시지의 깊이와 영향력이 달라진다.

광고 언어는 짧아야 한다. 그렇다고 가볍지 않다. 오히려 단어 하나에 전략이 담기고, 쉼표 하나에도 의도가 숨는다. 예를 들어 Think green.이라는 문장은 세 단어도 안 되는 짧은 명령문이지만, 생각을 멈추게 하고 방향을 바꾸게 만든다. 대상을 명확히 하지 않음으로써, 오히려 모든 이의 마음속에 직접 말을 거는 듯한 효과를 낸다. 이처럼 광고 언어는 명확성과 함축성, 직접성과 함의를 동시에 추구한다.

광고 문장은 종종 반복을 사용한다. Buy less. Choose well. Make it last.는 한 브랜드의 오래된 환경 캠페인 문구다. 짧은 동사로 시작해 리듬을 만들고, 마지막 문장에서 의미의 전환을 시도한다. 이런 구조는 단순한 정보 전달을 넘어, 독자의 사고 방식까지 리듬감 있게 조율하려는 시도다. 특히 환경 광고나 윤리 소비 관련 캠페인에서는 이러한 반복 구조가 일종의 '행동의 주문'처럼 쓰인다. 문장의 길이는 짧고, 어조는 단호하며, 맥락은 감정적이다.

광고에서 언어는 종종 시각과 결합된다. 어떤 문장은 이미지 없이 혼자선 완성되지 않는다. 예를 들어 100% Clean.이라는 문구가 있다면, 그것은 에코백에 박힌 상태로, 또는 재활용된 플라스틱 병 옆에 있을 때 비로소 의미가 명확해진다. 광고 언어는 이미지와의 결합을 전제로 하고, 그 이미지와 상호작용하며 의미를 확장하거나 전복시키는 역할을 한다. 같은 문장이 어떤 맥락에서 어떤 이미지와 함께 쓰이느냐에 따라, '청결'은 환경보호일 수도 있고, 식품 안전일 수도 있으며, 기업의 투명성일 수도 있다.

최근의 광고 문장은 완결되지 않은 형식을 택하기도 한다. Because there is no Planet B라는 광고 문장은 문법적으로는 부사절일 뿐이다. 하지만 이 불완전함은 오히려 강한 인상을 남긴다. 독자나 시청자가 나머지 문장을 머릿속으로 완성하게 만들기 때문이다. 이것은 광고 언어의 중요한 전략이다. 문장이 말을 다 하지 않을 때, 오히려 사람들은 그 여백 속에 자신의 감정과 판단을 채운다.

광고 언어는 때로 의도적인 위트를 사용한다. Don't be trashy처럼 쓰레기 문제를 다루면서도 말장난을 섞는 식이다. 이런 유희는 브랜드의 성격을 가볍게 유지하면서도, 사람들의 뇌리에 강하게 남게 한다. 특히 Z세대나 MZ세대를 겨냥한 광고에서는 진지함보다 위트와 공감을 전면에 내세우는 경우가 많다. 광고 언어는 시대의 감각과 세대의 감정 언어에 반응하면서 변하고 있다.

오늘날 광고는 정보를 주는 것을 넘어, 공동체의 일원으로 참여하자고 말한다. 광고 문장은 직접적인 행동 요청을 포함하기 시작했다. Take your cup. Tag your change., Share your green moment., Join the mission.처럼, 소비자가 단순히 물건을 사는 사람을 넘어 캠페인의 주체가 되기를 바란다. 이런 문장들은 브랜드가 메시지를 '전달'하는 것이 아니라, 함께 메시지를 '만들자'는 초대로 바뀌는 순간을 보여준다.

이러한 변화를 통해 우리는 언어의 힘을 다시 생각하게 된다. 광고 속 짧은 문장은 때때로 정책보다 빠르게 변화를 일으키고, 통계보다 더 감정적으로 사람을 설득한다. 그것이 바로 광고 언어의 힘이다. 그리고 그 힘은, 무엇보다 단어의 선택, 문장의 구조, 이미지와의 관계, 그리고 문장을 둘러싼 사회적 맥락 속에서 나온다.

광고는 이제 감탄이 아니라 제안의 언어를 쓴다. 감정을 흔들되, 말의 힘으로 변화를 요청한다. 브랜드는 말하고, 소비자는 응답하며, 그 사이에서 짧은 문장 하나가 사회적 대화를 만들어낸다. 결국 광고 언어란 제품을 파는 기술이 아니라, 세계를 설득하는 방식이다.

Language Insight

명령문 (Imperatives)

Go green.

Choose fair.

Bring your own cup.

운율과 반복 (Rhythm & Repetition)

Reduce, Reuse, Recycle.

Less waste, more impact.

One planet. One chance.

대조와 대비 (Contrast)

There is no Planet B.

Waste less. Live more.

Plastic lasts forever. You don't have to.

감정적 호소 (Emotional Appeal)

Every sip tells a story.

Drink responsibly—for the planet.

Your coffee can change a life.

참여 유도 표현 (Call to Action)

Tag us and show your green moment.

Join the movement. #CompostYourCup

Switch today. Share tomorrow.

 **Cultural Insight**

광고는 각국의 사회적 기대와 문화적 감수성에 따라 언어 전략을 달리한다. 예를 들어:

미국과 영국: 유머와 은유, 은근한 풍자가 자주 쓰인다.
> Don't be trashy. (미국 재활용 캠페인)
> Keep Britain tidy. (공공환경 보호)

일본: 공손함과 공동체적 책임 강조.
> みんなで守ろう、きれいな街。
> (minna de mamorō, kirei na machi: 다 함께 지키는 깨끗한 거리)

독일: 사실과 수치를 중시하는 정보 중심 광고 선호.
> 98% biodegradable. Certified by EU standards.

한국: 정서적 공감, 가족·미래 세대 언급이 효과적.
> 우리 아이의 미래를 위해, 오늘은 텀블러로.
> 작은 실천이 만드는 큰 변화.

광고 언어는 단순한 전달 수단이 아니라, 그 사회가 중요하게 여기는 가치와 정체성의 반영이며, 글로벌 브랜드가 문화 간 신뢰를 구축하는 도구가 된다.

 Creative Activity

1. 기존 광고를 윤리적 메시지로 바꿔보기
- 유명 브랜드의 일반 상업 광고 하나를 선택하고, 해당 광고 문구를 윤리적 관점 (환경, 노동, 공동체 등)에서 다시 써본다.

2. 광고 문장 해체해보기 – 왜 이 문장이 나를 설득했을까?
- 광고 문장을 자세히 읽고, 단어 하나하나가 왜 효과적인지 직접 분석해본다. 단순히 "좋다"라고 느낀 감정 뒤에 있는 언어 전략을 찾아보는 활동이다.

Part 3
Pop & Talk: 영화, 노래, 유튜브로 영어 말하기

　광고가 '감각의 언어'를 훈련시켰다면, 대중문화 콘텐츠는 '감정과 표현의 언어'를 길러준다. 우리가 듣고, 보고, 따라 말하는 영화의 대사, 팝송의 가사, 유튜브 영상의 짧은 멘트들은 단순한 재미를 넘어 말하기 감각을 일깨운다. 말은 문법에서 시작되지만, 진짜 말하기는 마음에서 시작된다. 이 파트에서는 영화, 노래, 유튜브 콘텐츠 등 우리가 매일 접하는 미디어를 통해 실제 말하기에서 쓸 수 있는 살아 있는 영어 표현, 문화적 맥락, 비언어적 소통까지 함께 탐색해본다.
　콘텐츠는 단순한 보기 자료가 아니다. 그것은 '느끼고, 따라 말하고, 내 언어로 바꾸는' 연결의 도구다. 가끔은 영화 한 장면, 팝송의 한 구절이 마음에 콕 박힌다. "왜 이 장면이 유독 내 언어 감각을 흔드는 걸까?", "왜 저 문장은 지꾸 따라 말하고 싶을까?" 하는 생각이 드는 순간이 있다. 예를 들어 팝송의 "You belong with me."는 단순한 사랑 고백이 아니라, 절박함과 망설임 같은 복합적인 감정을 간결한 문장으로 담아낸다. 영화 속 "You had me at hello."라는 대사는 짧지만, 상황과 표정, 억양까지 함께 기억된다. 유튜브 영상에서 자주 들리는 "Here's the thing…" 같은 멘트는 실제 말할 때 유용한 도입 문구로서, 말문을 자연스럽게 열어준다.

이처럼 말하기에 적합한 콘텐츠를 접할 때 중요한 것은 단지 내용을 아는 것이 아니다. "저 사람은 왜 저렇게 말했을까?", "나였다면 뭐라고 했을까?" 라는 질문을 스스로 던지며, 감정과 맥락을 함께 읽어내는 것이다. 영어를 잘 말한다는 것은 단어를 많이 안다는 것이 아니라, 상황에 맞는 말을 자신만의 어조로 표현할 수 있다는 것이다. 억양과 표정, 리듬과 침묵, 그리고 타인의 감정을 헤아리는 감각까지 포함된 종합적인 소통 능력이다.

결국, 콘텐츠는 '보는 것'이 아니라 '말하게 하는 것'이어야 한다. 문장을 따라 말하고, 그 의미를 자신의 상황에 맞게 바꿔 말하고, 그 장면을 기억 속에서 꺼내 말할 수 있을 때, '감정의 언어', '표현의 언어'는 진짜 나의 것이 된다. 유튜브 속 일상적 대화, 영화 속 감정의 숨결, 팝송의 반복 후렴구를 통해 영어 말하기는 점점 더 '남의 말'이 아닌 '내 말'로 다가온다.

팝송 속 영어 감성

비유, 은유, 반복

팝송은 그 자체로 감정이 살아 있는 언어다. 가사 한 줄, 멜로디 한 구절이 말하기 감각을 일깨우는 시작점이 된다. 팝 가사에는 직설보다 간접, 설명보다 이미지, 사실보다 감정이 더 자주 등장한다. 이때 핵심적인 장치가 바로 비유(figurative language), 은유(metaphor), 직유(simile), 반복(repetition)이다. 이 세 가지는 짧은 문장을 더 깊이 있게 만들고, 청자에게 강한 정서적 울림을 남긴다.

Adele의 "Set fire to the rain"은 현실에서는 불가능한 이미지다. 하지만 그 말이 주는 느낌은 분명하다. 격정, 상처, 감정의 폭발. 비가 오는 차가운 순간에 불을 지핀다는 그 문장은, 이별의 모순된 감성, 차가움과 뜨거움이 동시에 존재하는 상태를 시각적 이미지로 전달한다. 이 문장을 들은 청자는 머리로 해석하기 전에 가슴으로 받아들인다.

Katy Perry는 "Do you ever feel like a plastic bag?"이라는 질문으로 노래를 시작한다. 일상에서 가장 가볍고 버려지기 쉬운 물건인 비닐봉지에 자신을 빗댄 이 표현은 정체성의 불안정성과 자존감의 흔들림을 직관적으로 보여준다. 무겁게 설명하지 않아도 청자는 자연스럽게 '나도 그런 기분, 안다'고 느낀다.

Bruno Mars의 "You're amazing just the way you are"는 반복을 통해 메시지를 강조한다. 이 노래는 특별한 사건이나 설명 없이, 한 사람의 존재 자체에 대한 긍정을 전한다. 반복되는 문장은 마치 누군가 계속 곁에서 말해주는 듯한 안정감을 준다. 좋은 팝 가사는 문법보다 리듬으로, 정보보다 감정으로 말한다.

여기에 Don McLean의 "Vincent (Starry, Starry Night)"를 더하면, 팝 가사가 지닌 감성 언어의 깊이가 더욱 또렷해진다. 이 노래는 화려한 표현 없이도 별이 빛나는 밤을 배경으로 외로움, 슬픔, 연민, 존중을 섬세하게 그려낸다. "This world was never meant for one as beautiful as you"라는 가사는 단순한 찬사가 아니라, 이해받지 못한 존재에 대한 고요한 위로이자 애도의 메시지다. 커피 한 잔을 마시며 이 노래를 듣고 있으면, 가사 한 줄이 하나의 풍경처럼 다가온다. 팝송의 감성은 종종 언어가 아닌 순간, 장소, 분위기와 함께 기억된다. 이처럼 노래는 말보다 먼저 감정을 불러일으키고, 커피처럼 우리의 일상 속에서 감각의 언어가 된다.

이런 가사들을 분석하며 느끼는 것은 단순한 어휘력이나 문장 구조 이상의 것이다. 영어라는 언어가 감정을 어떻게 그려내고, 무엇을 강조하고, 어떻게 반복해서 각인시키는지를 배울 수 있다. 그리고 이 표현들은 우리가 실제로 영어로 말할 때, 특히 감정을 담아 말할 때, 적절한 어휘 선택과 어조의 힌트를 제공한다.

팝 가사에서 자주 등장하는 표현들의 감정 코드

표현	직역	감성적, 상징적 의미
I'm a wreck	나는 난파선이야	심리적 붕괴, 상실, 불안정
Like a rolling stone	굴러가는 돌처럼	뿌리 내리지 못한 정체성, 방황
You make me feel like a natural woman	너는 나를 진짜 여성처럼 느끼게 해	존재의 정당성, 자아 회복
I'm lost without you	너 없인 길을 잃었어	정서적 의존, 상실감
I got a pocket, got a pocket full of sunshine	햇살이 가득 담긴 주머니가 있어	내면의 희망, 일상 속 회복력
It's me, hi, I'm the problem, it's me	나야, 문제는 나야	자기반성, 불안의 유머화, 자아 인식
Take a sad song and make it better	슬픈 노래를 가져다가 더 좋게 만들어라	감정 전환, 회복, 치유 가능성
Cause baby, you're a firework	너는 불꽃놀이 같아	내면의 잠재력, 자기 긍정

팝송은 단지 유행가가 아니라, 시대의 감정과 정체성, 사회의 목소리를 담은 문화적 기록이다. 각 시대의 대표적인 팝 가사에는 단순한

말보다 더 깊은 정서적 공감, 사회적 메시지, 집단 정체성의 흔적이 담겨 있다. 팝송은 미국·영국 중심의 대중문화 속에서 만들어졌지만, 그 감정의 언어는 전 세계로 퍼지며 공감을 이끌어낸다.

1960년대

♪ "Give Peace a Chance" – John Lennon

베트남 전쟁 반대 운동이 한창이던 시기, 이 노래는 단순한 구조의 반복적인 문장 "All we are saying is give peace a chance"만으로도 강력한 사회적 메시지를 전달했다. 가사보다 분위기, 언어보다 반복의 힘이 중요한 전략으로 사용되었으며, 당시 젊은 세대의 반전 정서를 대변했다. 팝송이 정치적 메시지를 담기 시작한 전환점이기도 하다.

1980년대

♪ "I Just Called to Say I Love You" – Stevie Wonder

기술 발전과 일상의 전자화가 시작되던 시대, 이 노래는 감정 표현의 일상성과 보편성을 강조한다. 특별한 사건이 없어도, 단지 사랑을 전하고 싶어 전화를 걸었다는 메시지는 당시 팝 가사에서 보기 드물게 '감정 자체'의 정당성을 강조했다. 영어 표현에서도 "for no reason at all"은 말할 '이유'가 없어도 감정을 표현할 수 있다는 문화적 변화를 보여준다.

2000년대 이후

♪ "Born This Way" – Lady Gaga / "Lose Yourself" – Eminem

이 시기의 팝 가사는 점점 더 개인 정체성, 수용, 자기 표현을 전면에 내세운다. "Born This Way"는 성 정체성과 자아에 대한 자기 긍정을, "Lose Yourself"는 실패와 불안 속에서도 기회를 붙잡으려는 청춘의 몸부림을 노래한다. 문법적으로 보면 1인칭 화자의 직설적 표현, 반복되는 강세 구조, 'be yourself'와 같은 명령형의 자아화가 두드러진다. 이 시기 팝송은 더 이상 '사랑 이야기'만이 아니라, 살아 있는 자서전처럼 기능한다.

이처럼 팝송은 시대의 배경 없이 이해하기 어렵다. 단어를 외우는 것이 아니라, 그 단어가 나온 시대의 목소리와 함께 듣는 것이 진짜 감상이다. 팝 가사 속 문화는 영어의 어조, 감정, 표현 방식을 이해하는 데 결정적인 배경이 된다.

Creative Activity

- 좋아하는 팝송의 가사 한 소절을 선택해, 어떤 비유나 은유가 숨어 있는지 분석해보기
- 자주 반복되는 가사 구절을 모아 감정별로 분류해보기 (예 분노, 사랑, 외로움 등)
- 직접 짧은 팝 가사 문장을 만들어보고 친구들과 감정을 맞히는 게임 진행
- 팝송은 영어 감정을 감각적으로 배우는 최고의 언어 실험실이다. 문법보다 감정, 단어보다 어조를 읽는 연습을 시작해보자.

CHAPTER 31

대중가요와 영어 가사

BTS, Taylor Swift, Coldplay

　K-pop과 글로벌 팝의 경계는 이제 점점 흐려지고 있다. 오늘날의 대중가요는 단순히 멜로디를 따라 부르는 노래를 넘어, 언어와 정체성을 동시에 다루는 텍스트로 기능한다. 특히 영어와 모국어가 혼합된 하이브리드 언어 전략은 단순한 감정 표현을 넘어서 사회적 메시지, 세계관, 철학까지 담아낸다. 이러한 다중언어적 구조는 청자에게 더 넓은 문화적 맥락과 정서적 폭을 제공하며, 영어 학습자에게는 감정과 리듬이 살아 있는 언어 감각을 자극하는 강력한 통로가 된다.

　이중언어 가사 구조는 단지 언어 장식이 아니다. 그것은 정체성과 소속감, 그리고 소통의 범위를 동시에 설계하는 장치다. 예컨대 BTS의 Dynamite는 전면 영어 가사로 구성되어 있어, 전 세계 팬들과의 감정적 유대를 직관적으로 형성한다. "Shining through the city with a little funk and soul" 같은 문장은 리듬과 이미지, 긍정적 정서가 어우러진 대표적인 영어 표현으로, 언어 자체가 하나의 분위기 역할을 한다. 반면, 다른 곡에서는 한국어와 영어를 자연스럽게 혼합해 팬과의 친밀함과 정체성 표현을 동시에 끌어낸다. "Love myself", "We are bulletproof", "No more dream" 같은 문구는 언어를 감정의 코드이자 자기정의(self-definition)의 언어로 활용하는 전략을 보여준다.

Taylor Swift는 You Belong with Me와 같은 곡에서 일상 영어를 사용하여 청소년기의 감정 기복과 관계 속 갈망을 섬세하게 표현한다. "If you could see that I'm the one who understands you" 같은 문장은 화자의 감정 서사를 자연스럽게 드러내며, 리듬감 있는 언어가 내면의 흐름을 이끌어준다. 그녀의 가사에서는 문법보다는 감정의 서사 흐름이 중심이 되며, 그 흐름은 듣는 이의 경험과 쉽게 맞닿는다.

Coldplay의 Fix You는 짧은 문장과 반복을 통해 감정을 차분하게 증폭시킨다. "Lights will guide you home" 같은 구절은 단어 선택이 간결하지만 상징적이고 따뜻하다. 이러한 표현은 상실, 위로, 희망 같은 감정을 함께 나누는 집단적 정서를 언어로 끌어올리며, 팝 가사의 시적 특성과 감정의 미학을 동시에 보여준다. Coldplay는 영어의 구조적 단순함 안에서 복합적인 정서를 직조해내는 대표적인 사례다.

이처럼 BTS, Taylor Swift, Coldplay를 포함한 현대 대중가요는 언어 혼합, 감정 리듬, 정체성 표현이 결합된 텍스트로 기능하며, 단어와 문장을 넘어서 문화적 감수성과 언어적 직관을 키우는 학습 자료가 될 수 있다.

Language Insight

대중가요 속 영어 가사는 단순히 의미를 전달하는 데 그치지 않고, 감정과 정체성을 직접적으로 표현하는 언어로 기능한다. 자주 반복되는 짧은 문장들은 단어보다 더 강한 정서를 품고 있으며, 때로는 한 사람의 삶의 단면을 드러내는 감정의 자서전처럼 작용한다.

"Love myself"는 자기애를 넘어 자존감 회복과 자기 수용의 선언이며, "I'm in my head again"은 반복되는 생각과 불안 속에 갇힌 심리를 드러낸다. "This is me"는 타인의 기준에 맞추지 않고 있는 그대로의 자아를 긍정하려는 의지가 담긴 말이다. 또한 "Don't need nobody else"는 감정적으로 독립된 관계를 지향하며, "No more drama"는 감정적 소모로부터 벗어나고자 하는 정서적 거리 두기의 표현이다. "We are one"은 K-pop에서 자주 등장하는 구절로, 집단 정체성과 연대감을 상징하는 언어로 받아들여진다.

이러한 표현들은 짧고 간결하지만, 특정 세대의 정서와 시대의 언어 감각을 고스란히 담고 있다. 영어 학습자에게는 문법이나 구조보다 먼저, 감정의 온도와 어조의 결을 읽는 훈련이 될 수 있다. 이런 표현들에 익숙해지는 것이, 결국 살아 있는 언어 감각을 갖는 첫걸음이 된다.

Cultural Insight

오늘날 대중가요에서 반복되는 "Love myself", "This is me", "No more drama" 같은 문장은 단지 유행어가 아니라, 개인의 정체성과 감정 회복이 중심이 된 시대의 감수성을 반영하는 언어다. 2010년대 이후, 팝과 K-pop의 많은 곡들이 특정한 사랑의 대상을 노래하기보다, '자기 자신'을 말하는 노래로 이동해왔다.

이는 SNS와 디지털 환경 속에서 끊임없이 타인의 시선과 비교 대상이 되는 세대가, 자기 긍정(self-affirmation), 정서적 자율성(emotional independence), 공동체 연대(collective identity) 같은 가치를 언어로 회복하려는 흐름과도 맞닿아 있다. 영어 가사 속 감정 표현은 이제 단순한 고백을 넘어서, 세대와 사회가 공유하는 감정의 언어이자 문화적 메시지로 작동하고 있다.

Creative Activity

- 자신이 좋아하는 K-pop 또는 팝 가사 중 영어로 쓰인 한 문장을 선택하고, 감정/의미/문법 측면에서 분석해보기
- 두 곡의 영어 가사를 비교해 언어 스타일, 정서 표현 방식, 반복되는 표현 분석
- 본인의 경험을 기반으로 간단한 영어 가사 한 소절을 창작하고 친구와 공유해보기

오늘날 노래는 더 이상 단순히 귀로 듣는 소리가 아니다. 그것은 자신의 감정에 이름을 붙이고, 정체성을 언어로 선언하며, 서로 다른 세계를 연결하는 하나의 말하기 방식이다. BTS의 구절이든, Taylor Swift의 고백이든, Coldplay의 반복된 위로든, 이들의 가사는 짧은 영어 문장 안에 한 사람의 마음, 한 세대의 감각을 담아낸다.

노래를 따라 부른다는 것은 이제 단순한 흉내 내기가 아니라, 언어

의 결을 익히고, 감정을 언어로 전환하는 연습이자, 나를 말하는 훈련이 된다. 말은 입으로 시작되지만, 노래는 마음으로 먼저 시작된다.

영화 속 명대사로 배우는 영어 표현

　영화 속 대사는 단순한 스크립트를 넘어선다. 배우의 억양, 침묵의 길이, 눈빛에 담긴 정서까지 모두 결합되면서, 짧은 문장 하나가 수많은 감정과 의미를 품게 된다. 그렇기 때문에 명대사는 일상 회화의 연습장이자, 감정 표현의 교과서가 된다. 단어 그 자체보다 중요한 것은, 말의 '톤'과 '맥락'이다. "You can't handle the truth!"처럼 분노와 권위가 응축된 한 문장은 말하는 이의 힘과 듣는 이의 무지를 대조시키며, 극적인 설득력을 갖게 된다. 반대로 "I'll be back."처럼 짧고 단순한 말도 반복과 맥락을 통해 캐릭터의 정체성, 나아가 하나의 상징으로 자리 잡는다.

　영화 속 명대사는 다음과 같은 유형으로 나눌 수 있다.

1. 감정 전달형

"I'm scared.", "Don't go." (Before Sunrise)와 같은 표현은 대사라기보다 진심 어린 속말에 가깝다. 단어는 단순하지만 감정은 깊고, 배우의 말투와 눈빛에 따라 의미가 확장된다. "I can't breathe." (Fruitvale Station, The Hate U Give)는 단순한 신체 상태 묘사가 아닌 사회적 억압과 공포를 응축한 외침으로, 문화적 맥락 속에서 깊은 울림을 만든다.

2. 관계 전환형

"It's not you, it's me."는 Seinfeld에서 유래했지만 이후 수많은 로맨틱 코미디에서 이별의 코드로 반복된다. "We need to talk."는 회피가 아닌 직접 대화를 요구하는 표현으로, 관계가 바뀔 것임을 암시한다. "Let's take a break." (Friends)는 단순한 제안처럼 보이지만 관계의 전환점이자 재조정의 신호로 작용한다.

3. 다의적 상징형

"You had me at hello." (Jerry Maguire)는 첫 인상 하나로 마음이 움직였다는 낭만적 상징이며, "To infinity and beyond." (Toy Story)는 아이들만의 구호처럼 들리지만 실제로는 꿈과 우정, 무한한 가능성에 대한 약속이 담긴 문장이다. "I'm king of the world!" (Titanic)는 젊음과 자신감, 짧은 순간의 절정을 언어로 고정시킨 명문이다.

4. 은유적 철학형

"Life is like a box of chocolates." (Forrest Gump)는 인생의 예측 불가능성과 기대를 단순한 이미지로 전달하며, 사소한 일상적 사물을 통해 철학적 통찰을 유도한다.

5. 문화적 인사형

"May the Force be with you." (Star Wars)는 하나의 우주관과 가치 체계를 요약한 인사말이 되었으며, 이제는 SF 장르를 넘어 전 세계 팬들의 공동 언어로 기능하고 있다.

이처럼 영화 속 명대사는 단순히 좋은 문장을 넘어, 말하는 상황과 정서, 문화의 상징성까지 담은 복합적 언어 자산이다. 영어 학습자에게 단어와 문법을 넘어, 말하기·듣기뿐 아니라 감정과 어조, 말의 맥락을 함께 훈련할 수 있는 살아 있는 텍스트가 된다. 대사를 따라 말하는 순간, 우리는 단순히 언어를 배우는 것이 아니라 감정을 담아 영어로 '살아 있는 말하기'를 실천하는 것이다.

Language Insight

영화 속 명대사는 단순한 문장처럼 보이지만, 말하는 방식과 맥락에 따라 감정의 밀도가 전혀 달라진다. 같은 "Don't go"라는 말도 속삭이는지, 외치는지, 눈을 보고 말하는지에 따라 절박함, 두려움, 분노가 전혀 다르게 전달된다. 이처럼 대사는 문장 구조보다도 '말의 결'과 '정서의 음영'을 이해하는 데 초점이 있다.

예를 들어 "It's not you, it's me"는 직역하면 책임을 전가하는 말 같지만, 맥락에 따라 관계를 마무리하려는 전략적인 거리두기가 담겨 있다. "We need to talk"는 회화 교재에는 비중 있게 다뤄지지 않는 표현이지만, 실제 생활에서는 가장 무겁고 긴장감 있는 대화의 시작으로 자주 등장한다. 또한 "You had me at hello", "You complete me"처럼 낭만적인 대사는 단어 자체보다 감정의 흐름과 관계의 서사 구조 속에서 기능하는 표현이다. 듣는 사람에게 감정의 강도를 인식시키고, 말하는 사람의 내면을 언어적으로 드러내는 방식으로 작동한다.

이러한 표현들을 접하고 따라 말하는 과정은 문법 연습이 아니라,

감정에 맞는 언어를 선택하는 훈련이다. 즉, 영어를 '의미 전달 수단'이 아니라, '감정의 언어'로 익히는 데 가장 효과적인 도구가 영화 대사다.

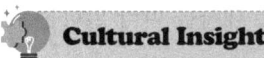
Cultural Insight

많은 명대사는 특정 시대의 사회적 정서와 문화적 상징을 반영한다.

예컨대 "I can't breathe."는 미국의 인종 문제를, "May the Force be with you."는 SF 장르의 종교적 세계관을, "You had me at hello."는 1990년대 미국식 감성 로맨스를 고스란히 담고 있다. 이러한 문장들은 단순한 '좋은 표현'이 아니라, 시대를 비추는 감정의 언어이자, 당대를 살아간 사람들의 집단 기억을 형성하고, 세대 간 공감대를 형성하는 문화적 인프라로 기능한다.

영화 속 언어는 한 사회의 가치관과 정서를 응축한 '감정의 아카이브'이자, 영어 학습자에게는 언어와 문화의 교차 지점을 이해할 수 있는 입체적 자료가 된다.

Creative Activity

- 좋아하는 영화 속 영어 대사를 3개 선택해 맥락·감정·상징적 의미 분석하기
- 대사에 감정 레이블 붙이기 (예 불안, 사랑, 자기방어, 기대 등)
- 짧은 영화 장면을 바탕으로 감정 중심의 영어 대사를 창작해보기

영화 속 영어는 하나의 문장이 아니라 하나의 장면이다. 말보다 먼저 다가오는 감정의 리듬과 표정의 흐름까지 함께 배우는 것이 진짜 언어 감각의 시작이다.

자막으로 보는 문화차이
Netflix 영어 vs 한국어 번역

같은 장면이라도 영어로 들을 때와 한국어 자막으로 읽을 때, 전혀 다른 인상을 받을 때가 있다. 이는 단순히 언어가 달라서가 아니라, 문화적 해석 방식과 번역 전략이 다르기 때문이다. 영어 대사의 속도감, 직설성, 유머, 감정의 밀도는 자막으로 옮겨질 때 문화적 수용성과 감정의 조율을 거치며 다르게 재구성된다. 자막 번역은 단순한 '해석'이 아니라, 문화적 맥락 속에서 감정을 조율하는 '재서사화' 작업이다.

자막은 단순한 번역이 아니다. 제한된 글자 수와 화면 노출 시간 안에 정보, 감정, 문화 코드를 동시에 담아야 하는 고밀도 언어다. 특히 Netflix와 같은 글로벌 플랫폼에서는 자막 번역기가 매 장면마다 "이 표현이 한국 시청자에게 어떻게 받아들여질까?"를 고민하며 번역한다. "그대로 옮기는 것"보다 중요한 건, 감정의 온도, 말투의 캐릭터성, 뉘앙스의 맥락을 유지하는 것이다. 이 과정에서 자막 번역가는 언어 전문가이자 문화 중개자로서 역할을 수행한다. 예컨대 『조커』에서 "You wouldn't get it."는 "넌 이해 못 해."로 번역되지만, 원문의 냉소적이고 단절된 어조는 상당 부분 누그러진다. 반면 『탑건: 매버릭』에서 "Don't think, just do."는 "생각하지 말고, 그냥 해."로 번역되며, 명령형 표현 속 자아화의 뉘앙스가 비교적 잘 유지된 사례다. 같은 장면이라도 단어 선택 하나에 따라 등장인물의 개성과 문화적 정서가 달리 전달되며, 이 차이는 학습자에게 '언어는 곧 문화'임을 직관적으로 체감하게 만든다.

이러한 사례를 통해 자막은 언어를 옮기는 작업이 아니라, 한 문화의 감정을 다른 문화의 언어로 다시 구성하는 창조적 과정임을 알 수 있다. 특히 영어권 특유의 반어(sarcasm), 간접화법, 속어는 한국어로 번역될 때 의미는 남아도 감정의 결은 손실되는 경우가 많다. 따라서 자막을 비교하며 영어를 학습하는 것은 단순한 단어 대응을 넘어서, 언어가 감정을 전달하는 방식, 그리고 문화 간 의사소통의 맥락을 이해하는 훌륭한 방법이 된다.

Language Insight

자막 번역에서는 직역보다 뉘앙스를 살리는 해석 능력이 중요하다. 영어 표현 하나에 다양한 뉘앙스가 담겨 있을 수 있기 때문이다. 예를 들어 "You wish."는 말 그대로는 "넌 그렇게 원하지"지만, 실제로는 "어림없지" 또는 "꿈 깨"에 가깝다. 이처럼 짧은 표현 하나가 상황에 따라 냉소, 부정, 거절의 의미를 압축해서 담기도 한다. 또 "Get over yourself."는 "좀 진정해"로 번역되지만, 원문은 훨씬 더 비판적이고 무례한 뉘앙스를 담고 있다. "It's not rocket science."도 단순히 "어려운 거 아니야"라고 번역되지만, 원래는 비꼬는 뉘앙스로 사용되는 경우가 많다.

이러한 문장들은 자막에서는 쉽게 평탄하게 번역되지만, 학습자는 원문을 직접 접하면서 표현이 담고 있는 감정의 결과 사회적 위치감까지 함께 이해해야 한다. 영어는 '무엇을 말하느냐' 못지않게 '어떻게 말하느냐'가 의미를 좌우하는 언어다.

Cultural Insight

영어 자막과 한국어 자막은 '말투와 감정을 받아들이는 문화적 기준'에서 큰 차이를 보인다. 영어는 직설적이고 빠르게 감정을 표현하는 경향이 있지만, 한국어는 대체로 감정을 완곡하게 전달하거나 간접적으로 표현하는 문화가 강하다. 예를 들어, "Oh, great. Another Monday." 같은 문장은 말은 긍정적이지만 실제로는 불만을 드러내는 반어법이다. 이런 표현은 한국어 자막에서 종종 중립적 평서문으로 순화되며, 원문이 가진 불쾌감이나 냉소의 감정이 희미해진다.

또한 성적·젠더적 표현이나 욕설은 한국어 자막에서 축소되거나 제거되는 경우가 많다. 이는 단지 검열이 아니라, 문화 간 수용성과 감정이 공개 방식 차이를 반영하는 선택이다. 마찬가지로 억양, 빙인, 밀투도 자막에서는 거의 사라지고 표준화된 문장으로 치환되면서 캐릭터의 개성이 옅어진다.

자막은 단순한 언어 요약이 아니라, 사회적 맥락과 감정 표현 방식의 문화 차이를 가장 압축적으로 드러내는 공간이다. 이 차이를 읽는 감각은 언어 능력뿐 아니라 문화적 상상력을 키우는 데에도 도움이 된다.

 Creative Activity

- 자신이 시청한 Netflix 콘텐츠에서 영어 자막과 한국어 자막의 차이점을 수집해 비교해보기
- 영어 표현 중 번역이 까다로운 문장을 골라 자신만의 번역문을 만들어보고 뉘앙스 차이를 분석하기
- 친구들과 번역 토론을 통해 '이 문장은 왜 이렇게 바뀌었을까?'를 문화적 배경과 함께 이야기해보기
- 자막이 단순한 언어 번역이 아닌 문화의 압축판임을 인식하며, 자막 한 줄을 통해 감정과 맥락을 해석하는 훈련 해보기

자막은 언어의 그림자가 아니라, 문화의 얼굴이다. 한 문장을 어떻게 옮기느냐에 따라, 감정의 결, 인물의 색, 세계의 크기도 달라진다. 영어를 배운다는 것은 단지 다른 말을 익히는 것이 아니라, 다른 감정을 해석하고, 낯선 시선을 이해하는 법을 배우는 일이다.

브이로그와 콘텐츠 영어

일상 속 자연스러운 말투

유튜브나 SNS에서 매일 마주치는 브이로그 영상은 현대 영어의 살아 있는 교과서다. 영화나 교재 영어가 다소 각색되고 구조화된 대화라면, 브이로그 언어는 현실에 가장 가까운 말하기 방식을 보여준다. 브이로거의 말투는 즉흥적이고 비형식적이며, 감정에 따라 유동적이다. 정제되지 않았기 때문에 오히려 진짜 회화의 리듬과 감정의 결을 잘 반영한다.

카메라 앞에서 말하는 브이로거들은 완벽한 문장을 구사하기보다는, 멈칫거림, 생략, 감탄사, 반복으로 가득 찬 말투를 사용한다. "Okay, so today I'm gonna take you guys with me…", "It's kinda messy, but who cares?", "Literally obsessed." 같은 표현들은 문법적 정확성보다는 감정의 흐름과 관계 맺기에 초점이 맞춰져 있다. 이 말들은 정보를 전달한다기보다는, '듣고 있는 사람과 정서적으로 연결되려는 말하기'에 가깝다.

브이로그 영어의 가장 큰 특징은 '혼잣말 같은 말투'다. 카메라라는 1인 화자 구조는 브이로거로 하여금 마치 자신의 일상을 중얼거리듯 이야기하게 만든다. 시청자는 이러한 혼잣말을 통해 마치 친한 친구의 속마음을 엿듣는 듯한 친밀감을 느끼게 되고, 언어 또한 정제되지 않은 감정 중심의 표현으로 구성된다. 예컨대 "Is this even real?", "No way I just did that."와 같은 문장들은 순간의 감정을 필터 없이 전달하며, 언어를 통해 감정적 공감이 일어나는 방식의 대표 사례다.

브이로그 언어는 정확성과는 거리가 있지만, '살아 있는 말하기'의 감각을 익히는 데 매우 효과적이다. 말투는 느슨하고 비문도 잦지만, 그 안에는 감정 표현력, 상황 반응력, 공감 유도 능력이 자연스럽게 드러난다. 단어 선택보다 말의 억양과 표정, 중간의 'uh', 'like', 'you know?' 같은 말버릇이 의미 전달의 핵심이 되기도 한다. 특히 이런 언어는 실수를 두려워하지 않고 말하는 용기, 그리고 '틀려도 말할 수 있는 자신감'을 길러주는 훌륭한 실용 학습 자료다.

무엇보다 브이로그 영어는 '영어를 배운다'는 느낌보다는, '영어로 말하며 살아간다'는 감각을 키워준다. 영어 학습자에게 이는 단어와 문법 이상의 의미를 지닌다. 일상 속 영어 말하기가 익숙해지고, 감정이 자연스럽게 얹히는 순간, 우리는 비로소 영어를 지식이 아닌 감각으로 받아들이게 된다.

Language Insight

브이로그 영어는 전통적인 문법 중심 학습과는 매우 다른 언어 사용 방식을 보여준다. 자주 등장하는 표현들을 살펴보면 다음과 같은 말하기 중심의 언어 습관이 뚜렷하게 드러난다.

동사 축약형과 구어체 표현

"gonna", "wanna", "gotta" 등은 거의 모든 브이로그에서 반복된다. 이는 단순한 줄임이 아니라 자연스러운 리듬과 친근한 어조를 만드는 요소다.

개인적 접속어

"you know?", "I mean", "like" 같은 표현은 논리 연결이 아니라 감정의 흐름과 생각의 전환을 말투로 나타낸다.

감탄사와 반응어

"OMG", "so cute", "ugh", "seriously?"와 같은 표현은 짧지만 감정을 정확하게 전달하며, 공감과 반응을 유도하는 도구로 작용한다.

맥락 생략과 대화형 구조

"Don't judge me, but…", "He was like… and I was like…" 같은 표현은 문법적으로는 불완전하지만, 감정 전달과 관계 맥락을 효과적으로 드러낸다.

혼잣말 스타일의 단문

"Is this real life?", "That's insane." 등은 즉흥적인 감정 표현이며, 시청자와의 거리감을 좁히는 데 큰 역할을 한다.

이러한 말하기 습관은 영어를 문법적으로 정확하게 말하는 것보다, 상황에 어울리는 어조와 감정을 담아 말하는 능력이 훨씬 중요하다는 점을 알려준다.

Cultural Insight

브이로그는 콘텐츠이기 이전에 문화적 행위다. '일상의 공유'는 단지 정보를 나누는 것이 아니라, 나의 삶을 진정성 있게 드러냄으로써 관계를 맺고 공감을 이끌어내는 방식이다. 영어권 문화에서는 완벽한 언어보다 자연스러운 말투, 꾸밈없는 표현, 말실수까지 허용하는 분위기가 오히려 진정성을 보여준다. 말에 여백이 있고, 멈칫거림이 있고, 문장 중간에 "you know?", "like", "I mean" 같은 단어들이 끼어들며 감정을 흘린다. 이러한 말투는 정보 전달보다는 관계 맺기와 정서적 연결을 더 우선시하는 문화적 특성을 반영한다. 결국 브이로그 속 영어는 '잘 말하는 영어'가 아니라, '사람답게 말하는 영어'다. 그 안에는 실수도, 유머도, 감정도 함께 담겨 있다.

 **Creative Activity**

- 자신이 좋아하는 유튜버의 2~3분 브이로그 영상을 시청하고, 자연스러운 표현을 받아쓰기
- 자주 등장하는 말버릇이나 연결어들을 정리한 '말하기 패턴 노트' 만들어 보기
- 자신이 실제로 말할 수 있는 주제를 골라 브이로그 원고 작성 후 직접 영상 촬영 시도
- 영상 자막을 분석하며 '어떤 말투가 어떤 감정을 담고 있는가'를 중심으로 분해
- 인상적인 표현 3가지를 골라 자신의 일상 속 문장으로 재구성해 연습해보기

브이로그 속 영어는 부정확하지만, 틀림없이 살아 있다. 그 말투 속에는 문장이 아니라 사람이, 문법이 아니라 감정이 있다. 말하기는 정확성보다 먼저, 자신의 감정을 기꺼이 말해보려는 의지에서 시작된다.

CHAPTER 35
유튜브 리뷰 콘텐츠의 구조와 표현

유튜브 콘텐츠 중에서도 '리뷰 영상'은 정보 전달과 의견 표현이 결합된 실용적 영어의 보고다. 단순히 제품의 기능이나 외형을 설명하는 데 그치지 않고, 리뷰어는 자신의 사용 경험, 감정, 선호, 기대치를 언어화한다. 이 과정에서 전달되는 영어는 문법적 정합성보다는 말투와 감정, 리듬과 태도에 더 집중되어 있다. 언어에 감정이 실리고, 그 감정을 통해 신뢰가 쌓이는 과정이 바로 리뷰 콘텐츠의 핵심이다.

리뷰 영상에서 자주 접할 수 있는 표현 중 "It's kinda growing on me."는 대표적인 예다. 이 문장은 시간이 지날수록 애착이 생기거나 긍정적 평가로 바뀌고 있음을 나타내며, 교과서에서는 보기 어렵지만 실제 회화에서는 매우 자연스럽고 자주 사용된다. 이처럼 리뷰 영상은 문법보다는 맥락에 맞는 말하기 감각과 표현의 유연성을 익히기에 최

적화된 콘텐츠다.

효과적인 리뷰 콘텐츠는 다음과 같은 구조로 구성된다. 이 구조는 단순한 포맷이 아니라, 말하기의 목적과 감정을 정리하고 표현하는 실용적 틀로 작동한다.

첫번째로, 먼저 영상의 도입부(Introduction)에서는 시청자와의 인사 및 제품 소개가 이루어진다.

> 예 "Hey guys, welcome back to my channel. Today, I'm reviewing…"

이 짧은 문장은 단순한 알림이 아니라, 시청자와의 친근한 분위기 형성을 목적으로 한다.

둘째, 이어지는 설명(Description) 단계에서는 제품의 외관, 색상, 기능 등이 구체적으로 언급된다.

> 예 "It comes in this really sleek packaging."
> "The color is kind of a soft pink."

이 표현들은 객관적 사실을 전달하면서도, 화자의 주관이 살짝 얹힌 묘사 방식이다.

셋째는 가장 중요한 평가(Evaluation) 단계로, 제품에 대한 개인적 인상이나 장단점이 솔직하게 드러난다.

> 예 "To be honest, I think it's a bit overpriced."

> "I'm actually really impressed."

이 때 사용되는 언어는 감정을 드러내는 동시에, 시청자와 신뢰를 형성하는 도구로 작용한다.

마지막으로 추천(Recommendation) 단계에서는 구매를 권하거나, 특정 취향에 맞는 사람들에게 제품을 제안한다.

> 예 "If you like fruity scents, you'll probably love this."
> "I wouldn't repurchase it, though."

이 단계에서는 의견을 부드럽게 조율하고 정리하는 말하기 전략이 중요하다. 이 네 가지 구성은 단순한 형식이라기보다, 생각을 정리하고 감정을 설득력 있게 표현하는 말하기의 구조 훈련이라 볼 수 있다.

좋은 리뷰는 정보 전달을 넘어, 감정의 공유와 판단 유도를 가능하게 하는 설득적 언어다. 듣는 이의 공감을 유도하고, 신뢰를 형성하는 말이다.

Language Insight

리뷰 영상에서 자주 쓰이는 영어 표현들은 형식보다 상황에 맞는 기능과 감정 전달에 중점을 둔다. 감정을 부드럽게 전달하고, 시청자와의 공감을 유도하며, 자신의 입장을 명확하게 드러내는 전략적 말하기가 자연스럽게 녹아 있다.

1. 의견 강조

Honestly, I was surprised.

Personally, I don't love it.

I think it depends on your taste.

→ 자신의 감정을 분명히 표현하면서도, '주관적 시각'임을 밝혀 갈등을 완화하는 말하기 방식이다.

2. 비교와 조정

It's better than the last version.

Not as good as I hoped.

Kinda similar to…

→ 직설적 판단 대신 비교와 조정을 활용해, 평가를 부드럽게 전달하는 표현들이다.

3. 감정 강조 표현

Super smooth, Really nice, Absolutely love it

Totally not for me

→ 강세 부사(adverb intensifiers)를 활용해 감정의 크기나 강도를 명확히 조절하는 것이 특징이다.

4. 말투 중심 어휘

No joke, Honestly though, Just saying

You guys know what I mean

→ 화자의 태도와 개입감을 드러내며, 말하는 이와 듣는 이 사이의 관계성을 강화하는 표현들이다.

 Cultural Insight

유튜브 리뷰 영상은 단순한 정보 전달이 아니라 '자기 경험을 나누는 문화적 행위'다. 영어권 리뷰어들은 완벽한 설명보다 진정성, 개성, 감정의 흐름을 더 중요하게 여긴다. 예를 들어 "I know it's kinda weird, but I love it.", "Not perfect, but it works for me.", "I'm just being real here." 같은 표현은 자신의 의견을 부드럽게 제시하면서도, 시청자와의 심리적 거리를 좁히는 정서적 언어 전략이다. 이처럼 영어 리뷰어들은 제품보다 사람, 정보보다 감정에 무게를 둔 말하기 방식을 통해, 시청자와의 공감과 신뢰의 유대를 형성한다

이러한 문화적 태도는 '말을 잘하는 것'보다 자기다운 말투로 진심을 전하는 것이 더 중요하다는 영어권 커뮤니케이션의 감성적 특성을 반영한다. 리뷰어의 말은 곧 자신을 드러내는 언어적 브랜드가 되며, 영상 자체는 의견 표현의 훈련장이자 감정 표현의 공개 무대가 된다.

 Creative Activity

- 유튜브 리뷰 스크립트 작성하기: 좋아하는 제품 하나를 선택해 Intro-Description-Evaluation-Recommendation의 4단계 구조로 영어 리뷰 원고를 작성해본다.
- 리뷰 영상 받아쓰기 & 표현 정리: 짧은 리뷰 영상을 보며 주요 문장을 받아쓰고, 자주 쓰이는 표현들(예 "honestly", "super smooth", "kinda")을 정리한다.

- 나만의 리뷰 영상 촬영하기: 짧은 1분짜리 리뷰 영상을 직접 촬영해보며, 말투와 감정 표현을 실제로 적용해본다.

영어 리뷰는 사실을 말하는 일이 아니라, 어떻게 말하느냐를 고민하는 일이다. 말의 구조와 감정의 리듬이 어우러질 때, 그 문장은 단지 설명을 넘어 신뢰와 공감의 언어가 된다.

CHAPTER 36

영화와 음악 속 비언어적 소통 읽기

　말보다 먼저 다가오는 것이 있다. 눈빛, 침묵, 몸짓, 음악. 우리는 언어 이전의 소통을 매일 경험하며, 영화와 음악은 그 감각을 극대화하는 예술이다. 이 장에서는 대사보다 더 강력한 효과를 내는 비언어적 표현의 세계를 영어 학습의 관점에서 천천히 들여다본다.

　말은 단어만으로 이루어지지 않는다. 모국어든 외국어든, 말하기에는 늘 표정, 억양, 몸짓 같은 비언어적 요소가 깔려 있다. 같은 말도 표정이나 억양에 따라 위로나 공격처럼 달리 들릴 수 있다. "I'm fine."이라는 짧은 문장도 눈을 피하며 말하면 '괜찮지 않다'는 뜻이 되고, 상대를 응시하며 말하면 진심으로 전해진다. 말은 같아도, 표정, 억양, 속도, 간격, 시선에 따라 감정의 흐름은 완전히 달라진다. 이처럼 비언어적 요소들은 단어가 미처 전달하지 못한 감정을 보완하거나, 때로는 말을 전복시키기도 한다. 말보다 먼저 감정이 움직이고, 그 감정을 전달하는 통로가 바로 비언어적 소통이다.

영어 학습에서도 이러한 감각은 중요하다. 어휘력과 문법 지식이 많아도, 말의 어조와 리듬, 침묵의 타이밍을 이해하지 못하면 진심이 제대로 전달되기 어렵다. 영어 실력의 차이는 종종 단어 수보다 표현의 결에서 갈린다. 특히 영화와 음악은 이 '언어 너머의 언어'를 가장 잘 보여주는 장르다. 인물 간의 긴장감, 관계의 균열, 감정의 전환은 종종 대사가 아니라 '어떻게 말하는가', 혹은 '말하지 않는 순간'을 통해 더 깊이 드러난다. 예를 들어 영화 La La Land에서는 말없이 마주 서서 춤을 추는 장면이 인물들의 감정 변화를 대사보다 강렬하게 전달한다. 음악 또한 마찬가지다. Adele의 "Someone Like You"는 가사 자체보다 멜로디의 여백과 반복이 더 큰 슬픔을 만들어낸다. 리듬의 완급, 음의 떨림, 코드의 변화는 모두 감정을 말 없이 전하는 하나의 언어이자, 저마다의 이야기다.

영어를 학습한다는 것은 단어와 문장을 익히는 것만이 아니다. 진짜 중요한 것은 표현의 리듬과 감정의 결을 읽고, 그에 맞춰 말할 수 있는 능력, 결국 말은 입에서만 시작되지 않는다. 진짜 소통은 눈으로 보고, 귀로 듣고, 몸으로 먼저 느끼는 데서 출발한다. 말보다 앞서 다가오는 이 감각이야말로, 우리가 영어를 '살아 있는 언어'로 느끼게 하는 출발점이다

같은 문장도 억양 하나에 따라 전혀 다른 의미가 된다. 예를 들어 "Really?"이라는 말은 밝고 경쾌하게 말하면 순수한 놀람으로 들리지만, 무표정하게 말하면 의심처럼 들리고, 낮게 끊어 말하면 비꼬는 느

낌을 줄 수 있다. "Sure." 역시 활기차게 말하면 적극적인 동의로, 천천히 끊어 말하면 거절에 가까운 냉소로 받아들여질 수 있다.

침묵도 마찬가지다. 말하지 않는 순간은 단순한 공백이 아니라, 긴장, 회피, 감정의 유보, 또는 말보다 더 강력한 신호가 될 수 있다. "Well… I don't know."처럼 머뭇거리는 말투는 단순히 모른다는 의미를 넘어서, 내면의 갈등이나 조심스러움을 담고 있다.

그리고 말 이외의 신호들, 즉 몸짓과 표정 역시 하나의 언어다. 상대의 눈을 피하는 시선은 불안이나 거리감을 보여주고, 어깨를 으쓱하는 동작은 무책임이나 애매함을 전할 수 있다. 손바닥을 열어 보이는 제스처에서는 개방성과 진정성이 느껴진다. 이처럼 비언어적 표현은 말보다 먼저 감정을 드러내고, 대화의 분위기를 결정짓는다.

이러한 요소들을 민감하게 감지하고, 직접 실험해보는 과정은 단순한 회화 연습보다 훨씬 깊은 언어 감각과 표현력을 길러준다. 특히 다양한 문화권 사람들과 영어로 소통할 때, 이런 비언어적 감각을 읽고 표현하는 능력은 말 그 자체만큼 중요하다.

영어는 입에서 시작되지 않는다. 눈으로 보고, 귀로 듣고, 몸으로 느끼는 언어다. 우리가 영화 속 침묵을 해석하고, 음악의 리듬에 감정을 실을 수 있을 때, 영어는 더 이상 시험을 위한 기술이 아니라, 감정을 살아 있게 만드는 언어가 된다.

Language Insight

영어의 비언어적 표현은 청각적 요소와 시각적 요소가 함께 작동한다. 억양(intonation)은 말의 의미를 조율하고, 침묵(pauses)은 감정의 농도를 조절하며, 시선과 표정은 메시지의 뉘앙스를 드러낸다.

Intonation: 의문문이 아닌 문장도 억양 하나로 질문, 감탄, 조롱이 될 수 있다.

> **예** "That's nice."
> → 평범한 말이지만 톤에 따라 칭찬, 비꼼, 무관심으로 바뀜.

Pausing & Timing: 중간의 침묵은 말보다 많은 것을 말한다.

> **예** "I… I don't know if that's a good idea."
> → 불확실성과 감정의 충돌이 모두 담김.

Gaze & Posture: 눈을 바라보는 정도, 몸을 기울이는 방향에 따라 친밀감과 거절의 정도가 다르게 해석된다.

영어 화자들은 이런 표현들을 습관적으로 읽고 판단하기 때문에, 말의 내용뿐 아니라 '어떻게 말하고 있는가'를 함께 고려해야 진짜 의사소통이 가능하다. 이 능력은 특히 고급 회화, 프레젠테이션, 인터뷰, 국제 업무 상황에서 더욱 중요히다.

Cultural Insight

영어권 문화에서는 말하는 내용보다 '말하는 방식'이 커뮤니케이션의 핵심이 되는 경우가 많다. 억양, 표정, 침묵, 제스처 같은 비언어적 요소는 단지 부차적인 장식이 아니라, 의미를 창조하거나 반전시키는 주된 표현 수단이다.

예를 들어 미국 드라마나 영화에서는 말보다 눈빛이나 'pause'로 감정을 암시하는 장면이 자주 등장하며, 이는 영어를 쓰는 사람들에게도 자연스럽게 이해되는 소통 코드다. 반면 동아시아 문화에서는 침묵이 예의나 숙고를 의미할 수 있지만, 영어권에서는 때때로 거리감이나 의사 표현의 부족으로 오해될 수 있다.

음악도 마찬가지다. 팝이나 재즈에서 리듬의 여백, 비브라토, 감정의 끌어올림은 '가사에 없는 감정'을 말해준다. 영어권 청자들은 그 여백과 어조 속에서 진심을 읽고 반응한다. 따라서 언어를 배운다는 것은, 결국 그 문화의 감정 표현 방식을 함께 배우는 일이기도 하다.

Creative Activity

- 장면 감정 분석 훈련: 대사가 거의 없는 영화 장면을 골라, 등장인물의 감정 상태를 영어로 묘사하기.
  - 예 "She doesn't speak, but the way she exhales shows she's exhausted and disappointed."
- 한 문장, 여러 억양 실험: "Really?" / "I guess so." / "I'm fine." 등 짧은 문장을 3가지 억양으로 말해보고, 듣는 이에게 각각 어떤 감정으로 전달되는지 기록하기.
- 음악의 감정 곡선 쓰기

> 감정선이 강한 영어 노래 한 곡을 선택해, 가사 외에 멜로디와 리듬이 어떻게 감정을 전달하는지 영어로 서술하기.
> 예 "The melody drops suddenly in the chorus, expressing emotional collapse."

영어는 입으로만 말하지 않는다. 때로는 침묵으로, 시선으로, 그리고 리듬으로 말한다. 단어보다 먼저 감정을 듣고, 문장보다 깊이 마음을 읽는 것! 그것이 진짜 영어 소통의 시작이다.

CHAPTER 37
내가 만든 광고 대사

    이 장에서는 지금까지 익힌 영어 표현과 말의 감각을 바탕으로, 직접 광고 문구를 창작해보는 실습을 진행한다. 짧은 한 줄이지만, 그 안에는 감정, 이미지, 리듬, 정체성, 그리고 전달자의 세계관까지 농축된다.

    광고 대사는 정보를 설명하는 문장이 아니라, 느낌을 설득하는 언어다. 단어 하나, 어조 하나, 문장 길이와 리듬에 따라 감정의 결이 완전히 달라진다. 문장이 팔고 있는 것은 사실이 아니라 경험이고, 감정이고, 태도다. 예를 들어 "Taste the silence."라는 문장은 단지 조용하다는 정보를 전달하는 것이 아니라, 고요함을 '미각으로 느끼는' 감각의 전환을 만들어낸다. 반면 "Be loud. Stay true."는 짧은 문장과 강한 동사로 자기 정체성을 드러내는 감정적 선언처럼 다가온다. 이처럼 광고 문구는 곧 브랜드의 정체성을 보여주는 동시에, 그 브랜드를 만든 사람의 언어 감각과 가치관을 드러낸다. '이 제품은 이런 기능이 있다'고 설명하는 것이 아니라, '이런 삶의 태도를 지지한다'고 말하는 것이 광고 문장의 본질이다. 그래서 광고 문장을 쓰는 일은 곧, 감정을 단어로 요약하고, 정체성을 문장으로 말하는 훈련이다.

영어 한 문장을 쓴다는 건 결국, 누구에게 말을 거는가, 어떤 느낌으로 말할 것인가를 고민하는 일이다. 광고 문구는 그 고민을 가장 압축된 형태로 실천할 수 있는 언어 훈련장이 된다.

Practice

1. 상품 또는 서비스 선택하기
  예) 커피 브랜드, 향수, 친환경 도시락, 이어폰, 감성 앱 등

2. 타깃 소비자와 이미지 키워드 정하기
  예) 자유, 따뜻함, 세련됨, 반항, 신뢰, 모험, 회복, 정적

3. 1줄 광고 문구 영어로 작성하기
  예) "Breathe in the bold."
  "Simple. Strong. You."
  "Own your quiet."
  "Not for everyone—and that's the point."

4. 문장의 감정·문화·어조 분석하기
  이 문장은 어떤 소비자에게 말을 거는가?
  단어는 어떤 정서를 자극하는가?
  문장의 리듬과 어조는 어떤 인상을 남기는가?

아래 유형들은 자신이 만든 문장이 어떤 표현 전략을 따르고 있는지 파악하거나, 새로운 스타일을 시도할 때 참고할 수 있는 틀이 된다.

 Useful Expressions

표현 유형	예시문장	설명
감정 중심	Feel more. Live more	감각적 경험과 삶의 확장을 연결
가치 중심	Honesty tastes better	브랜드의 철학을 소비자에게 전달
정체성 부여	You are what you brew	소비자와 상품 사이의 동질감 유도
도전·행동 유도형	Make it bold. Make it yours.	행동을 유도하며 주체성 자극
공감 중심	It's okay not to rush.	소비자의 불안을 공감하고 위로
개성 표현	Own your difference.	다양성과 주체성 강조

 Language Insight

효과적인 영어 광고 문장은 다음과 같은 특징을 지닌다:

1. 동사 중심의 문장

Live limitless. / Push forward. / Own it.

→ 동사는 감정을 행동으로 전환시키는 핵심 도구다.

2. 축약과 압축

Own your power. / Stay wild. / Not sorry.

→ 단어 수는 적지만, 리듬과 뉘앙스로 강한 인상을 남긴다.

3. 리듬감 있는 반복 또는 구조 대조

Strong mind. Soft soul. / Make less. Mean more.

→ 대조 또는 병렬 구조는 기억에 남는 어조를 만든다.

4. 정서 유도 단어 사용

Breathe. / Fearless. / Boldly.

→ 형용사/부사의 선택이 정체성과 감정의 색을 결정한다.

좋은 광고 문장은 단어를 아는 것이 아니라, 그 단어가 말하는 사람의 태도를 통째로 담을 수 있을 때 완성된다.

💡 Cultural Insight

광고 문구는 단지 영어를 예쁘게 쓰는 것이 아니라, 문화적 감각으로 말하는 연습이다. 영어권 광고 문장은 종종 명령형이나 축약된 문장을 통해 강한 주체성, 개인의 독립성, 정체성 표현을 담아낸다.

예를 들어 "Fuel Your Fire.", "Go Fearless.", "Stay Curious." 같은 문구는 단순한 제품 설명이 아니라, 삶의 태도와 감정의 결을 담은 선언문처럼 작용한다. 이러한 문장은 사용자를 소비자가 아니라 브랜드의 세계관에 동참하는 주체로 끌어들인다.

한국어 광고가 '따뜻한 이미지'나 '정서적 공감'을 강조하는 반면, 영어 광고는 종종 간결함 속의 태도, 공백 속의 감정을 중요시한다. 광고 한 줄은 곧 시대의 가치와 이상을 반영하는 문화적 기록이기도 하다.

 Creative Activity
- 하나의 제품이나 서비스를 정해 브랜드 정체성을 상상해보고, 한줄 영어 광고 문장을 창작한다.
- 자신의 문구에 대해 단어 선택, 리듬, 말투, 타깃 감정의 측면에서 분석한다.
- 친구들과 서로의 문장을 공유하며 가장 강한 인상을 준 표현을 토론해본다.

광고 문장은 언어의 미니멀리즘이다. 짧지만 강하게, 가볍지만 깊게 말할 수 있을 때, 단어는 브랜드를 넘어서 자기표현의 언어가 된다.

CHAPTER 38

K-POP의 Flow 언어학

K-POP은 단순한 장르가 아니다. 그것은 감정이 흐르고, 언어가 리듬을 타며, 정체성이 새롭게 구성되는 하이브리드 문화언어 실천의 장이다. 서울의 스튜디오에서 시작된 음악이 뉴욕의 지하철, 자카르타의 교실, 파리의 SNS 자막 속에 살아 숨 쉬는 지금, K-POP은 소리와 감정이 얽힌 글로벌 언어가 되었다. 초기 K-POP에서 영어는 곡의 후렴이나 제목에 배치된 '쿨함'의 장식에 가까웠지만, 2010년대 이후 영어는 단지 꾸밈이 아닌 감정의 매개이자 문화 간 소통의 리듬 언어로 확장되었다. 팬들은 자막과 댓글, 해시태그 챌린지, 짧은 영상 속에서 영어를 간헐적으로 사용하며, 단순한 수용자가 아닌 창작자로 진화했다. 팬덤 내부에서는 영어와 한국어, 그리고 팬들만의 혼합어가 끊임없이 순환되며 새로운 언어 실천의 장을 만들어낸다. 이것은 단순히 콘텐츠

를 번역하거나 해석하는 수준이 아니라, 언어를 통해 감정을 설계하고 관계를 구축하는 능동적 실천에 가깝다.

　이러한 흐름은 힙합이 지닌 언어 감각과 깊이 연결된다. 힙합은 문법적 정확성보다 진심을 '플로우'에 실어 전달하는 태도에 집중한다. Flow는 단순히 말의 리듬이 아니라 감정을 흘려보내는 기술이며, 자신을 선언하는 존재 방식이다. 힙합 가수들은 자신의 경험, 분노, 연대, 자존감을 직설적인 언어와 리듬에 실어 말하고, 그 안에서 고유한 말하기 스타일을 만들어낸다. Spit truth는 진실을 감추지 않고 드러내는 태도이며, Realness는 꾸밈없는 자기 자신을 드러내는 진정성의 미덕이다. Swagger는 자기 스타일에 대한 자신감, Bars는 감정과 메시지를 압축한 랩의 단위, Mic drop은 결정을 내리는 한 마디로 대화를 끝내는 강력한 선언이다. Diss는 때로 경쟁과 저항의 언어로 기능하며, Cypher는 래퍼들이 한 무대에서 번갈아 표현하는 언어의 배틀이자 유희. 이 모든 언어 전략은 말 자체보다 감정을 리듬으로 전하는 감각에 중심을 둔다.

　K-POP 팬덤은 이 힙합적 언어 실천을 새롭게 번안하고 있다. 팬들은 영어를 단순한 도구가 아니라, 감정을 교환하고 정체성을 형성하는 팬덤의 유동 언어로 사용한다. Bias는 단순한 취향이 아니라 특정 멤버를 통해 자기 감정과 가치관을 투영하는 정체성의 표현이며, '막내(Maknae)'는 단순한 나이 서열을 넘어서, 한국 문화에서는 귀엽고 보호받아야 할 존재로 여겨지며, 공동체 안에서 정서적 친밀감과 돌봄의 상징으로 작용한다. Fanchant는 아티스트와 팬이 함께 호흡하며 무대를 완성하는 소리의 언어이며, I purple you, lit, slay, iconic, stan, no cap, savage 같은 표현은 팬들 사이에서 감정과 연대를 실시간으로 주고받는 정서적 암호가 된다. 이러한 표현들은 SNS 자막, 리액션 영상, 밈(meme), 해시태그 캠페인 등을 통해 확산되며, 팬들의 언어 감각과 창의성을 드러내는 문화적 실천이 된다.

이러한 표현은 단순한 팬 용어가 아니다. 팬들은 각자의 언어로 K-POP 문화를 해석하고 구성하며, 공통된 표현을 통해 서로를 인식하고 연결되는 공동체적 실천을 수행한다. 유튜브 리액션, 챌린지 영상, 자막 제작, 댓글 교류는 모두 감정이 흐르는 언어 실천의 장이다. 이 흐름에서 영어는 더 이상 중심 언어가 아니라, K-POP이라는 리듬에 참여하기 위한 감정의 연결 매체가 된다. K-POP에서 'flow'는 음악의 리듬만이 아니라, 언어의 감각, 정체성의 흐름, 감정의 조직 방식이다. 팬들은 영어를 배우는 것이 아니라, 느끼고 말하고 연결하는 언어로 살아낸다.

K-POP은 힙합의 언어 전략을 흡수하면서도 고유한 감정 실천으로 발전해왔다. 말은 감정을 담아 흐르고, 감정은 언어를 통해 관계를 조직한다. 'Flow'라는 리듬의 감각을 예명에 담은 힙합 아티스트 Flowsik은, 리듬과 언어, 정체성의 경계를 넘나드는 감정 실천의 상징적 사례다. 이제 팬들은 더 이상 수동적 소비자가 아니라, 콘텐츠 제작자이자 언어 실천자이며, 감정 공동체의 공동 설계자다. 결국 Flow 언어학은 K-POP과 힙합이 만나 만들어낸 새로운 시대의 감정 중심 언어 실천이며, 그 흐름은 지금 이 순간에도 팬들의 입과 손끝에서 계속 흘러가고 있다.

 **Language Insight**

Stan: 특정 아이돌을 열정적으로 응원하다 (예 I stan BTS)

Bias / Bias Wrecker: 최애 / 차애 멤버

Comeback: 컴백, 새 앨범 발매와 함께 활동 재개

Fanchant: 공연 중 팬이 외치는 공식 응원 구호

Borahae / I purple you: 팬 사랑을 표현하는 팬덤의 상징어

Unnie / Oppa 등 친족어: 영어권에서도 음차 그대로 사용

Selca: K-POP식 '셀카'

All-kill: 주요 음원 차트 동시 석권

Fan Project / Support: 팬의 자발적 기획 활동

Eng Trans / Sub: 팬 제작 영어 번역, 자막

Stan Twitter / Kpopmeme: 팬덤 밈, 용어가 유통되는 채널

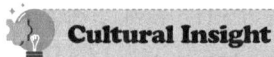 **Cultural Insight**

K-POP과 영어의 결합은 단순한 번역이나 진출 전략이 아니다. 팬과 아티스트가 실시간으로 소통하고, 팬이 콘텐츠를 생산하는 과정에서 형성된 트랜스링궐 실천(translingual practice, 여러 언어를 넘나드는 실천)이다.

팬덤 언어는 '글로벌-로컬' 문화를 잇는 교차 언어적 소통이며, eonni, selca 같은 한국어 기반 표현이 영어권 팬들 사이에서 통용되며 하이브리드 팬덤 문화를 형성하고 있다. 이런 언어는 감정과 정체성, 창의성과

연대를 드러내는 실천이자, 팬덤 내부에서 자신을 표현하고 연결하는 새로운 방식이 된다.

 Creative Activity

- 팬미팅이나 쇼케이스 영상 속 영어 소통 방식 찾아보고, 감정 표현이나 팬-아티스트 관계 형성 방식 분석해보기
- K-POP 가사 속 영어와 한국어 혼용 표현 발췌하고, 그 혼용이 주는 효과와 의미 분석해보기
- 마음에 드는 영어+한국어 혼용 가사 한 구절 골라, 그 구절이 팬들에게 어떻게 다가오는지 영어로 짧게 글 써보기

CHAPTER 39

'Slay'의 시대
유튜브 챌린지와 감정의 영어

　유튜브 챌린지와 숏폼 콘텐츠는 영어 사용의 새로운 시대를 열고 있다. 여기서 등장하는 신조어 영어는 더 이상 사전적 정의나 문법 규칙에 얽매이지 않는다. 즉흥적이고 감정적이며, 영상의 편집 리듬과 몸짓, 표정, 타이밍과 결합해 '말'이 아니라 '움직임'과 '분위기'로 소통하는 디지털 감정 퍼포먼스로 작동한다. 이 언어는 언제, 어떤 장면에서, 어떤 감정으로 쓰이느냐가 의미를 결정한다. 말의 구조보다 중요한 것은 '타이밍'과 '장면'이며, 짧고 강렬한 리듬 안에서 감정은 언어보다 앞선다.

　이러한 언어는 텍스트가 아니라 실시간 반응으로 구성된다. 말보다 더 빠른 눈빛, 손짓, 억양, 배경음악, 댓글 반응이 의미를 만들어낸다. 짧은 시간 안에 감정과 태도를 전달해야 하기에, 이 언어는 감정의 리듬을 극대화한 구조를 가진다. 유튜브 숏츠, 틱톡, 인스타 릴스 등에서 신조어 영어는 짧고 강렬하게, 그리고 맥락에 따라 매번 새롭게 해석된다. 특정 영상이 따라 하기 챌린지로 퍼지고, 감정 표현이 짧은 문구와 리듬 안에서 반복되는 구조로 소비된다.

slay는 본래 '죽이다'라는 뜻이지만, 요즘에는 완벽하게 해냈다, 압도적으로 멋지다는 찬사의 의미로 널리 쓰인다. 누군가의 패션, 퍼포먼스, 말투가 인상적일 때 She slayed that performance라고 말하는 식이다. 단어가 기존 의미에서 완전히 벗어나, 새로운 문화적 맥락에서 재해석되는 대표적 사례다.

It's giving이라는 표현은 문장이라기보다 감각에 가깝다. 말하는 사람이 느끼는 분위기나 인상을 비유적으로 표현할 때 사용되며, It's giving drama queen, It's giving vintage Madonna vibe처럼 대상을 직접 설명하지 않고 감정적 이미지를 암시한다. 이 표현은 논리보다 리액션에 가깝고, 표정과 몸짓, 분위기 속에서 해석된다.

no cap은 진심이다, 거짓이 없다는 뜻으로, 감정의 강도를 강조하는 데 쓰인다. 본래 힙합 슬랭에서 유래했으며, cap이 '거짓말'을 뜻하는 속어에서 파생됐다. That movie was amazing, no cap은 단순 의견이 아니라 자신의 감정을 인증하는 언어적 표시다.

vibe check는 분위기를 감지하고 평가하는 표현이다. 누군가가 사회적 상황이나 감정 흐름에 어울리는지 확인하는 의미로, He failed the vibe check는 그 사람이 분위기를 망쳤다는 뜻이지만, 동시에 공동체의 규범이나 감정 코드를 따르지 못했다는 사회적 신호로 작동한다.

I'm dead는 문자 그대로의 '죽었다'가 아니라, 너무 웃기거나 놀라서

말문이 막히는 순간의 감정을 극대화해 표현하는 말이다. This meme. I'm dead.는 강한 리액션 언어로, 디지털 커뮤니케이션에서 유머나 놀람을 빠르게 전파하는 수단이다.

짧은 문장과 감정의 타이밍이 맞물리는 순간, 단어는 더 이상 설명이 아니라 '암호화된 감정'으로 기능한다. 같은 표현이라도 누가, 어떤 표정과 억양으로, 어떤 장면에서 말하는가에 따라 완전히 다른 의미를 가진다. 이는 영어가 '정보 전달의 언어'에서 '정서적 퍼포먼스의 언어'로 이동하고 있다는 문화적 징후다. 특히 숏폼 콘텐츠의 부상은 짧은 시간 안에 감정을 전해야 하는 환경을 만들었고, 그 안에서 신조어, 짧은 문구 중심의 퍼포먼스 언어는 감정의 속도와 타이밍을 언어화하는 방식으로 발전했다.

이 언어는 국경을 넘고, 언어적 경계를 재구성한다. 슬랭은 영어 원어민 사회에 머물지 않고 유튜브와 틱톡을 통해 전 세계 사용자들이 차용하고 변형하며 자국의 언어 및 문화와 결합한다. 한국어로 번역된 slay는 찢었다, I'm dead는 개웃겨처럼 표현되며, 단순한 직역을 넘는 감각적 대응이 이루어진다. 신조어는 집단 감정의 코드이자, 정체성의 상징이 된다.

신조어는 디지털 세대의 언어이자 감정 기술이다. 그들은 짧은 문장 하나로 놀람, 공감, 유머, 반격, 친밀감을 동시에 표현한다. 짧은 감정 코드가 짧은 영상, 간결한 제스처, 그리고 빠른 댓글 반응과 어우러져 새로운 리듬을 만들어낸다. 감정은 더 이상 긴 설명이 아니라 '코드' 하나로 전달되고, 영어는 그 코드의 주요 매체가 된다.

이러한 맥락에서 영어 신조어는 '디지털 감정어'로 기능한다. slay,

it's giving, no cap, vibe check, I'm dead, mid, Karen, mutuals (moots), rent-free, snatched, tea, wig, Gucci 등은 단순한 유행어가 아니라, Z세대와 밀레니얼 세대의 정체성, 감정, 사회적 유대를 실시간으로 표현하는 수단이다. mid는 평범한, 그저 그런, Karen은 까다롭고 요구 많은 여성, mutuals (moots)는 SNS에서 서로 팔로우하는 친구, rent-free는 머릿속에 계속 맴도는 상태, snatched는 매우 멋진, tea는 가십, wig는 놀람, Gucci는 좋다는 뜻으로 사용된다. 이 언어는 세대 간 공감과 단절의 경계에서 작동한다.

신조어는 소속감을 부여하면서도 때로는 외부인을 배제하며, 유희이자 규범이 된다. 유튜브, 틱톡, 인스타그램 등 글로벌 플랫폼에서 신조어는 국경을 넘어 퍼지고, 각국의 언어와 정서에 따라 변형된다. 한국, 일본, 중국 등에서도 영어 신조어를 차용한 표현들이 생겨나고, 새로운 유행으로 자리잡는다.

Language Insight

Slay: 완벽하게 해냈다, 압도적으로 멋지다
It's giving: 특정 분위기나 이미지를 감각적으로 표현
No cap: 진심이다, 거짓이 없다
Vibe check: 분위기나 감정 흐름을 감지·평가
I'm dead: 너무 웃기거나 놀라서 말문이 막히는 순간의 감정
Mid: 평범한, 그저 그런
Karen: 까다롭고 요구 많은 여성

mutuals (moots): SNS에서 서로 팔로우하는 친구

Rent-free: 어떤 생각이나 멜로디가 머릿속에 계속 맴도는 상태

Snatched: 매우 멋진, 완벽하게 스타일링된

Tea: 가십, 험담, 소문

Wig: 놀람, 감탄

Gucci: 좋다, 멋지다, 문제없다

 Cultural Insight

신조어 영어는 디지털 세대의 정체성, 감정, 유희를 담은 감각적 언어이며 글로벌 플랫폼은 신조어의 실시간 전파와 문화적 재창조를 가능하게 한다. 이는 정체성 구성과 공동체 형성의 수단이 되며, 세대 간 소통의 도구이자 문화적 경계를 드러내는 지표로 작동한다. 비영어권에서도 이 언어는 표준어가 아닌 살아 있는 감정 언어로 변형되고 있으며, 언어의 경계를 넘나드는 정서적 공감의 실험장이 된다.

 Creative Activity

- 틱톡, 유튜브, 인스타그램에서 최근 본 신조어 영어를 수집해 의미와 맥락 정리해보고, 한국어 대응 표현과 비교해 뉘앙스 분석해보기
- 신조어 영어를 활용한 숏폼 영상 스크립트, 자막, 대화문, 댓글 등을 직접 만들어보고, 그 안에 담긴 감정과 문화 코드 친구들과 공유하고 토론해보기

OTT 드라마로 익히는 리얼 생활 영어

    OTT(Over-The-Top) 드라마란, 기존의 방송 채널이 아닌 넷플릭스, 디즈니플러스, 왓챠, 웨이브, 티빙 등 스트리밍 플랫폼을 통해 제공되는 콘텐츠를 말한다. 스마트폰이나 태블릿으로 언제 어디서든 시청할 수 있는 이 드라마들은, 형식이나 주제 면에서 더 자유롭고 실험적인 접근이 가능해 오늘날 전 세계인이 즐기는 새로운 드라마 문화의 중심이 되었다.

    OTT 드라마는 단순한 오락을 넘어서, 살아 있는 영어를 접할 수 있는 창구이자, 언어와 감정, 문화가 복합적으로 얽힌 진짜 영어 학습의 장이 된다. 교과서 속 규범적이고 인위적인 문장이 아니라, 실제 사람들이 감정과 갈등, 농담과 위로를 주고받는 현실적인 말하기가 드라마 전반에 녹아 있다.

흥미롭게도, 한국에서는 'OTT'라는 용어가 널리 쓰이지만, 영어권에서는 보통 streaming service, streaming platform, on-demand service 같은 표현이 더 일반적이다. 예를 들어 "My favorite streaming service is Netflix."처럼 말하는 것이 자연스럽다.

OTT 드라마의 영어는 문법책이 가르쳐주지 않는 맥락의 언어다. "Hey, what's up?", "You gotta be kidding me!", "Are you serious?", "No way!", "I'm on it." 같은 표현들은 시험 문제에서는 보기 어렵지만, 실제 대화에서는 하루에도 수없이 오가는 말들이다. 드라마 속 영어는 정답보다 감정이 중요하고, 어휘보다 억양이 핵심이며, 문법보다 상황이 의미를 결정한다.

특히 OTT 드라마는 인물 간 관계의 변화와 감정의 미묘한 흐름을 대사와 표정, 말투와 침묵, 시선과 몸짓에 담아 보여주기에, 학습자는 언어를 소리와 글자를 넘어선 '행동의 언어'로 받아들일 수 있게 된다.

⟨Friends⟩, ⟨Modern Family⟩, ⟨The Office⟩, ⟨Brooklyn Nine-Nine⟩, ⟨The Good Place⟩, ⟨Young Sheldon⟩, ⟨Suits⟩ 등은 발음이 명확하고 표현이 자연스러우며 다양한 세대와 직업, 관계 속에서 실제로 쓰이는 영어를 배우기에 적합한 대표적 작품들이다.

⟨Friends⟩는 90년대 뉴욕을 배경으로 젊은이들의 우정과 연애, 일상 속 고민을 빠르고 경쾌한 대화체로 그려낸다. "How you doin'?", "Could I BE any more…?" 같은 유행어는 단순한 유머가 아니라 한 세대의 정체성과 감정 코드를 대변하는 언어로 자리잡았다.

⟨Modern Family⟩는 다양한 가족 구성과 세대, 문화적 배경이 충돌하고 화해하는 과정을 유쾌하면서도 감각적으로 담아내며, "I know, right?", "Seriously?", "You're the best!"와 같은 표현들을 통해 가족 간 애정과 긴장의 미묘한 결을 자연스럽게 전달한다.

⟨The Office⟩와 ⟨Suits⟩는 직장이라는 공간에서의 영어를 익히기에 유용한 드라마로, 회의와 보고, 설득과 유머, 갈등과 사과 등 다양한 업무 상황에서의 말하기가 반복적으로 등장한다. ⟨The Office⟩의 "That's what she said", "Let's circle back", "I'll get back to you" 같은 표현은 직장 내 언어 습관과 유머의 흐름을 보여주고, ⟨Suits⟩는 법률적 논리와 협상 언어가 실제로 어떻게 구성되고 전달되는지를 생생하게 드러낸다.

OTT 드라마 속 영어는 단지 정보를 전달하는 언어가 아니라 감정의 움직임, 관계의 변화, 상황의 복잡성을 드러내는 도구다. 같은 "I'm sorry"라는 말도 억양, 표정, 말하는 타이밍에 따라 진심 어린 사과가 되기도 하고, 핑계나 유머, 혹은 형식적인 표현이 되기도 한다.

"Are you okay?", "You look tired.", "Let me help you.", "Don't worry about it." 같은 표현들은 단어 그 자체보다, 말하는 사람과 듣는 사람 사이의 거리감과 정서적 온도를 조절하는 사회적 장치로 작동한다.

또한 OTT 드라마는 미국식 영어뿐 아니라 영국식, 호주식, 다양한 억양과 세대별 언어를 접할 수 있는 기회를 제공한다. ⟨The Crown⟩, ⟨Derry Girls⟩ 같은 영국 드라마는 미국 드라마와는 다른 어조와 문화적 코드를 지니며, 발음, 유머, 사회 규범, 세대 간 갈등과 성 역할의 변화 등을 특유의 방식으로 전달한다. 이는 영어가 단일한 언어가 아니라 지역과 문화, 시대와 가치관에 따라 달라지는 '언어의 스펙트럼'임을 보여준다.

　OTT 드라마로 영어를 배운다는 것은 단순히 듣고 따라 하는 것을 넘어서, "왜 저 장면에서 저 표현을 썼을까?", "내가 저 상황에 있었다면 뭐라고 말했을까?", "이 장면의 유머와 감정은 한국어로 번역할 수 있을까?" 같은 질문을 던지며, 언어를 맥락과 감정, 문화와 함께 읽는 연습이다. 자막의 활용도 매우 중요하다. 처음에는 한국어 자막으로 전체 맥락을 파악하고, 다음에는 영어 자막을 보며 어휘와 표현을 익히고, 최종적으로는 자막 없이 장면을 반복해서 보며 억양, 리듬, 감정을 집중적으로 느껴보는 것이 좋다. 한 장면, 한 대사를 반복해서 듣고 따라 하는 것만으로도 언어의 감정, 리듬, 억양, 문화의 결까지 익힐 수 있다.

　OTT 드라마의 생활 영어는 짧고 직설적이지만 맥락이 풍부하며, 반복되는 표현들이 실제 대화 상황에서 바로 사용 가능하고, 억양, 말투, 유머, 침묵, 몸짓까지도 모두 영어 학습의 일부로 작동한다. 이러한 영어는 시험에 나오는 '정답'이 아니라, 실제 사람들의 삶 속에서 움직이는 언어다.

　결국 OTT 드라마로 배우는 생활 영어는 '문법'이 아니라 '맥락', '단어'가 아니라 '감정', '정답'이 아니라 '상황에 맞는 말하기'를 익히는 훈련이며, 영어는 이제 더 이상 교실 안의 언어가 아니라, 일상의 리듬, 감정, 관계, 정체성을 만들어가는 살아 있는 언어가 된다.

Language Insight

streaming service, streaming platform: OTT의 영어권 표현.

예 My favorite **streaming service** is Netflix.

binge-watch: 한 번에 몰아서 시청하다.

예 I **binge-watched** the whole season last night.

cliffhanger: 다음 회를 궁금하게 만드는 결말.

예 The last episode ended on a **cliffhanger**.

spoiler: 결말을 미리 말하는 것.

예 No **spoilers**, please!

relatable: 공감되는, 내 얘기 같은.

예 The characters are so **relatable**.

awkward: 어색한, 민망한.

예 That was an **awkward** moment.

catch up on: 밀린 회차를 따라잡다.

예 I need to **catch up on** Modern Family.

season finale: 시즌 마지막 회.

예 Did you see the **season finale**?

quote: (명대사) 인용하다.

예 I always **quote** lines from Friends.

sitcom: 시트콤(상황극 코미디).

예 Modern Family is my favorite **sitcom**.

plot twist: 반전.

예 There was a huge **plot twist**.

chemistry: 등장인물 간의 호흡, 케미.

예 Their **chemistry** is amazing.

character arc: 캐릭터의 성장, 변화 과정.

예 Her **character arc** is inspiring

background noise: (집중하지 않고) 틀어놓는 배경음.

예 I play The Office as **background noise**.

pause and rewind: 잠깐 멈추고 다시 돌려보기.

예 I had to **pause and rewind** to catch that joke.

Cultural Insight

OTT 드라마는 영어권 문화의 일상, 감정, 관계 맺기 방식을 가장 현실적으로 보여준다. 미국, 영국, 호주 등 다양한 영어권 사회의 억양, 유머, 사회 규범, 그리고 가족·직장·우정·사랑의 말하기 방식을 비교하며 이해할 수 있다. 드라마 속 유행어, 농담, 감탄사, 욕설, 친근한 말투, 사과와 위로, 갈등과 화해의 대사들은 영어권 사회에서 감정을 어떻게 표현하는지를 압축적으로 담고 있는 문화적 샘플이다.

자막을 활용하면, 영어와 한국어의 감정 표현 방식, 뉘앙스, 번역 전략의 차이를 직접 체감할 수 있다. 같은 말이라도 누가, 누구에게, 어떤 감정으로, 어떤 상황에서 말하느냐에 따라 의미가 달라지는 문화적 차이가 자연스럽게 드러난다.

결국 드라마를 통해 영어를 배운다는 것은 단어와 문법을 넘어서,

"언제, 누구에게, 어떤 상황에서, 어떤 감정으로 말하는가"를 익히는 문화 체험의 과정이다.

 Creative Activity

- 드라마 속 인상 깊은 영어 대사 3개를 선택하고, 각 대사의 맥락(상황), 감정, 문화적 의미를 간단히 분석해보기.
  예 Could I be any more obvious? → 유머와 억양 강조, 미국식 말장난 문화 등.
- 영어 자막과 한국어 자막을 비교하며, 같은 대사가 어떻게 다르게 번역되었는지 분석해 보기.
- 감정의 조율, 문화적 전환, 단어 선택의 차이를 찾아보기.
- 드라마 속 한 장면을 선택해, 실제 일상 대화에서 사용할 수 있는 생활 영어 표현으로 바꿔보기.
  예 법정 드라마의 딱딱한 대사를 친구 간의 대화체로 바꾸기

귀로 배우는 영어

팟캐스트와 오디오 콘텐츠

　팟캐스트와 오디오 콘텐츠는 영어를 '듣는 언어'에서 '일상 속 언어'로 전환시키는 가장 자연스럽고 지속 가능한 방법 중 하나다. 스마트폰만 있으면 언제 어디서든, 출퇴근길이나 산책 중에도, 운동할 때나 설거지하면서도 영어가 일상 속 배경음처럼 흐를 수 있다.

　라디오, 오디오북, 팟캐스트, 영어 뉴스, 인터뷰, 토크쇼, 스토리텔링, 명상용 콘텐츠 등 다양한 오디오 자료는, 교재 속 인공적인 영어가 아니라, 진짜 사람들이 살아가며 쓰는 목소리, 리듬, 감정, 억양, 실수와 감탄까지 담고 있다. 말의 속도는 일정하지 않고, 주제는 예고 없이 전환되며, 완벽하지 않은 문장과 갑작스러운 웃음, 중간에 끼어드는 생각들이 오히려 영어를 훨씬 더 인간적인 언어로 체감하게 만든다.

　특히 팟캐스트의 가장 큰 매력은 '정답'이 없다는 데 있다. 대본을 완벽하게 읽는 방송보다, 더듬고 웃고 감탄하며, 개인적인 경험과 감정이 자유롭게 드러나는 말하기가 중심이 된다. BBC의 6 Minute English처럼 짧고 주제별로 구성된 팟캐스트부터, All Ears English, RealLife English, Culips처럼 자연스러운 대화 중심의 콘텐츠까지, 청자 입장에서는 다양한 속도와 억양, 말투를 익힐 수 있고, 반복 청취를 통해 실생활에서 바로 쓸 수 있는 표현들이 차곡차곡 쌓인다.

누군가는 영어 뉴스로 세계 흐름을 익히고, 누군가는 인터뷰를 통해 다양한 억양과 발음을 익히며, 또 다른 누군가는 오디오북으로 장면을 상상하고 문장의 흐름과 리듬을 감각적으로 체득한다. 이 과정에서 중요한 것은 모든 단어를 이해하려 애쓰기보다, 전체적인 흐름, 억양, 감정의 결을 따라가는 것이다. 의미를 '해석'하기보다는 '느끼는' 듣기를 통해 우리는 언어의 뼈대가 아닌 살아 있는 피부와 온도를 익힌다.

팟캐스트 영어는 문법 문제 풀이처럼 작동하지 않는다. 오히려 그것은 말의 호흡과 타이밍, 감정의 실시간 움직임을 포착하는 과정이다. Let's get started, You know what I mean?, That's a great question, Let me break it down for you, Honestly, I didn't see that coming 같은 표현은 시험에는 나오지 않지만, 영어 원어민이 일상적으로 쓰는 말의 구조를 자연스럽게 체화시켜 준다.

진행자들은 자신의 경험과 감정을 가볍게 풀어내며 청취자와의 심리적 거리를 좁히고, "오늘은 이런 일이 있었어요", "이 표현, 저도 자주 헷갈려요" 같은 말들은 듣는 이를 단순한 청자가 아니라 대회의 일부로 초대한다. 반복해서 듣다 보면 어느새 이들의 말투, 유머감각, 속도, 멈칫거림까지 따라 하게 되고, 이는 쉐도잉이나 따라 말하기보다 더 깊은 차원의 언어 흡수로 이어진다. 팟캐스트는 말하자면, 사적인 공간에서 열리는 비공식적 영어 교실이자, 발화 중심 영어학습의 살아 있는 무대다.

또 하나의 강점은 영어의 '표준 발음'을 넘어 다양한 억양과 문화적 말투를 접할 수 있다는 점이다. 미국식, 영국식, 캐나다식, 호주식은 물론이고, 인도식, 남아공식 영어에 이르기까지 다양한 지역과 사회문화적 배경을 가진 화자들의 발음과 말하기 방식은 영어가 단일한 언어가 아니라, 서로 다른 문화를 담는 그릇임을 실감하게 한다.

어떤 콘텐츠는 속도감 있고 정보 중심이며, 어떤 콘텐츠는 감정 중심이고 개인적이며, 또 어떤 콘텐츠는 인터뷰나 토론처럼 상호작용의 말하기를 중심으로 한다. 특히 영국식 팟캐스트에서는 사회문제, 정치, 젠더, 유머, 계급, 억양과 표현의 뉘앙스 등 미국식 영어와는 또 다른 언어문화의 결을 느낄 수 있다. 이는 단순히 영어를 '듣는 연습'이 아니라, 영어를 말하는 사람들의 사고방식, 태도, 감정표현의 방식까지 듣는 일이 된다.

오디오북과 영어 드라마 역시 추천할 만하다. 이야기 구조를 따라가며 특정 문장, 감정, 말투를 반복해서 듣다 보면, 장면의 감정과 억양이 머릿속에 자연스럽게 입력된다. 문장이 아니라 장면이 기억되고, 문법이 아니라 인물의 감정이 남는 학습이다. 무엇보다 따라 말하며 억양과 감정을 흉내 내는 연습만으로도 영어는 '공부'가 아니라 '놀이'가 된다. 그 안에서 영어는 나를 통과하는 감각으로 바뀌고, 반복 청취는 단순한 귀의 훈련이 아니라 감정, 반응, 표현의 흐름을 익히는 훈련이 된다.

오디오 콘텐츠의 세계는 끝이 없다. 뉴스, 토크쇼, 인터뷰, 과학, 명상, 에세이, 역사, 자기계발, 코미디, 요리 등 모든 주제가 영어 학습의 자원이 될 수 있다. 중요한 것은 완벽하게 이해하려는 강박이 아니라, 내가 좋아하는 주제를 자주 듣고, 부분적으로 흡수하며, 전체 흐름과 감정, 리듬을 감각적으로 익히는 것이다.

마음에 드는 문장을 받아쓰기도 하고, 들리는 표현을 입으로 따라 하기도 하며, 모르는 단어는 굳이 찾아보지 않아도 되는 듣기를 반복하다 보면, 영어는 더 이상 책 속 문장이 아니라 내 일상에 흐르는 자연스러운 소리가 된다.

결국 팟캐스트와 오디오 콘텐츠는 영어를 '듣는 기술'이 아니라 '사는 감각'으로 전환시키는 매체다. 내 취향과 관심사, 생활 패턴에 맞게 골라 듣고, 내 속도로 반복하며, 어느 순간 영어를 의식하지 않아도 되는 순간을 맞이할 수 있다. 영어를 말하지 않아도, 듣고만 있어도 말할 준비가 되는 환경, 그것이 오디오 영어의 가장 큰 힘이다.

Language Insight

Let's get started: 시작할 때 자주 쓰는 진행 멘트
You know what I mean?: 공감이나 이해를 유도하는 말
Here's the thing: 중요한 요점을 강조할 때
That's a great question: 질문에 긍정적으로 반응할 때
Let me break it down for you: 복잡한 내용을 쉽게 설명할 때
Honestly, I didn't see that coming: 놀람이나 당혹스러움을 솔직하게 표현할 때

I totally agree / I'm not sure about that: 의견에 동의하거나 유보할 때
What's your take on…?: 상대의 견해를 물을 때
Tune in next time / Stay tuned: 다음 회차 예고, 청취 유지 유도
I hope you enjoyed today's episode: 마무리 인사 표현
Background noise: 집중하지 않고 틀어놓는 배경음
Transcript: 오디오 내용을 문자로 기록한 대본
Binge-listen: 여러 에피소드를 한 번에 몰아듣기
Shout-out: 청취자, 게스트, 동료에게 감사나 언급을 전할 때

Cultural Insight

팟캐스트와 오디오 콘텐츠는 영어권 청취 문화의 핵심이다. 출퇴근 길, 운동 중, 집안일을 하거나 잠들기 전까지도, 영어는 '틀어놓는 소리'로 일상과 함께 흐르며, 단순한 배경음을 넘어 정보와 감정, 유머와 공감, 문화와 사적 경험을 공유하는 '소리의 커뮤니티'가 된다. 청취자는 방송을 듣는 소비자이자, 이야기의 일부를 감각하는 참여자가 된다. 미국식, 영국식, 호주식, 캐나다식, 인도식, 남아공식 등 다양한 억양과 말투를 자연스럽게 접하면서 학습자는 영어의 '정답'을 외우기보다 '다양한 말하기 방식과 감정 표현의 스펙트럼'을 체득하게 된다. 오디오 콘텐츠는 교과서 영어가 제공하지 못하는 실수, 웃음, 간격, 감정, 정서적 리듬을 전달하며, 듣고, 따라 말하고, 내 말로 바꾸는 실천적 언어 훈련을 가능하게 한다.

장르도 뉴스, 문화, 자기계발, 인터뷰, 토크쇼, 스토리텔링, 명상 등

매우 다양하며, 팟캐스트는 더 이상 '전문가만의 방송'이 아니라 누구나 자신의 관심과 감정을 이야기하는 '취향의 공동체', '자기표현의 무대'로 기능하고 있다. 소리로 듣는 영어, 다시 말해 오디오북, 동화, 명상, 드라마는 문장과 문법을 넘어서 감정, 상황, 인물의 말투와 억양을 '몸으로 익히는' 감각 중심의 언어 경험으로 작동한다.

 Creative Activity

1. 영어 팟캐스트 3개 골라보기
- 자주 듣는(또는 새롭게 알게 된) 영어 팟캐스트 3개를 고르고, 각각에서 오늘 들은 에피소드의 주제, 말하는 스타일(느린/빠른, 대화/독백 등), 재미있거나 자주 들린 표현 1~2개를 짧게 적어보자.

2. 귀에 남는 표현 받아쓰기 해보기
- 팟캐스트를 들으며 반복되는 말버릇, 감탄사, 인상적인 문장을 2~3개 골라서 받아쓰고, 그 뜻이나 언제 쓰는지 간단히 정리해보자.

3. 짧은 오디오북 듣고 이야기 요약해보기
- 영어 오디오북이나 짧은 영어 동화를 하나 듣고, 무슨 이야기였는지, 누가 나왔는지, 어떻게 느꼈는지를 아주 짧은 영어 문장으로 써보자.

Part 4
Speak: 영어로 말하고 쓰는 문화 이야기

　이제 콘텐츠를 '보는 것'에서 '말하고 쓰는 것'으로 넘어갈 시간이다. 말은 머리보다 입에서 배우고, 글은 손보다 가슴에서 나온다. 이 파트에서는 커피, 광고, 대중문화 콘텐츠를 통해 쌓은 영어 감각을 바탕으로, 이제 '내 언어'로 표현하는 실천적 단계에 들어선다.

　짧은 에세이부터 인터뷰, 프레젠테이션, 사회문화적 논의까지 모든 활동은 감정과 논리를 아우르는 언어 훈련을 목표로 한다. 단어와 문법은 이제 수단일 뿐, 진짜 목적은 '내가 누구이며 어떤 이야기를 하고 싶은가'를 영어로 풀어내는 데 있다. 더불어, 다문화적 맥락에서의 배려 표현, 정체성을 드러내는 문장, 듣는 이를 존중하는 어휘 선택까지 함께 익힌다. 이 파트는 단순한 과제가 아니라, '영어로 존재하기'를 연습하는 문화적 실험실이다.

　영어는 이제 내 말이 된다. 콘텐츠로 축적된 감각이 문장이 되고, 문장은 곧 나의 목소리가 된다.

CHAPTER 42

나의 커피 스토리 쓰기

에세이 워크숍

　영어를 단순히 읽고 듣는 단계를 넘어, 직접 써보는 경험은 언어를 내면화하는 데 가장 강력한 방법 중 하나다. 말은 외부의 언어지만, 글은 안쪽의 언어다. 쓰는 순간, 우리는 단어를 빌려 마음을 표현하고, 기억을 길어 올리며, 감정을 다시 마주하게 된다. 이 장에서는 독자 각자의 커피 경험을 바탕으로 짧은 영어 에세이를 작성해본다.

　커피는 단순한 음료가 아니다. 커피는 말 없는 대화이고, 손에 쥔 감정이며, 일상 속에서 가장 자주 꺼내 마시는 회상의 형태다. 커피는 언어처럼 향기를 가지고 있고, 기억처럼 입안에 남는다. 그 순간을 다시 꺼내어 쓰는 일은, 결국 나를 다시 이해하는 일이기도 하다. 일상의 순간, 기억 속 향기, 혹은 커피를 매개로 한 감정이나 관계를 주제로 삼아, '말이 되는 글'을 만들어보고자 한다. 커피는 우리 일상에서 가장 익숙한 의례이자, 특별한 감정의 매개체다. 이 글쓰기 활동은 단순한 묘사를 넘어서 감정, 관계, 장소, 정체성까지 언어로 담아내는 과정이다. 누구와, 언제, 어떤 기분으로 커피를 마셨는지를 떠올리며, 그 장면을 '내 언어'로 재구성해보자.

중요한 건 유창함이 아니라, 그 기억을 얼마나 진정성 있게 불러내느냐다. 문장을 쓴다는 건 단지 영어를 잘한다는 증거가 아니라, 내 삶을 말할 수 있다는 증거이기도 하다.

Writing Insight: How to Write Your Coffee Story

1단계: 기억 소환
나에게 특별했던 커피 경험 떠올리기
예 첫 출근 아침, 카페에서의 우연한 만남, 외국에서 마신 익숙한 향기

2단계: 감각 단어 리스트업
영어로 감정과 감각을 표현
예 smell, bittersweet, comfort, alone, warmth, rush, quiet, nostalgia, burnt, gentle, shared, lingering 등

3단계: 구성 잡기
서두: 어떤 상황이었는지 소개
본문: 그 상황에서 느낀 감정이나 기억
마무리: 그 경험이 지금의 나에게 어떤 의미인지

4단계: 진정성 있게 쓰기
문법보다 중요한 건 진짜 경험을 말하기
잘 쓰기보다 말하는 것처럼 쓰기

5단계: 제목 붙이기

에세이의 분위기를 드러낼 수 있는 짧은 영어 제목 만들기

예 "Just One Sip", "A Bitter Goodbye", "Espresso of Memory"

Sample Essay: "Espresso of Memory"

I remember the first time I tasted espresso in a small alley café in Barcelona.

The cup was tiny, but the flavor was bold—bitter, smoky, and strangely comforting.

I was alone, carrying a heavy backpack and a heavier heart. It was the day I missed my flight and felt completely lost.

But as I sat there, holding the warm cup in my hands, something shifted.

The bitterness of the coffee reminded me of home, of my father who loved strong brews.

The café was quiet. A soft jazz tune played in the background.

I watched people pass by, and for a moment, I stopped blaming myself.

That espresso didn't fix my problems, but it gave me a pause, a breath.

A moment to sit, feel, and forgive myself.

I still remember the warmth of that porcelain cup and how it made me feel seen.

Now, whenever I drink espresso, I'm back in that alley in Barcelona.

Not just tasting coffee, but remembering how strong I became.

 **Language Insight**

감정을 담는 커피 에세이 영어

1. Metaphor & Sensory Layering (비유와 감각의 겹치기)

짧은 문장에 감각과 감정을 동시에 실어, 기억을 환기하거나 상황을 정서적으로 포착한다.

- tasted like memory: 과거의 순간을 떠올리게 하는 맛
- smelled like Sunday mornings and quiet jazz: 평화롭고 따뜻한 일상의 냄새
- felt like a pause: 감정적 쉼표처럼 멈춰 선 순간
- One sip, and I was back in Paris – 한 모금으로 다시 떠오른 시간과 공간

2. Emotive Phrasing (감정을 직접 담는 문장)

간결하면서도 강렬한 감정의 흐름을 담은 문장들. 커피는 단순한 음료가 아니라 관계, 기억, 자기 고백이 된다.

- I didn't expect it to feel so familiar – 익숙함에 놀란 감정
- I didn't drink it for the caffeine, I drank it for the silence: 침묵을 위해 마신 커피
- We didn't say goodbye, but the coffee got cold: 말없이 식어가는 이별의 순간
- Even the bitterness felt familiar, like an old friend: 익숙한 씁쓸

함이 친구처럼 느껴질 때

3. Past Tense with Introspective Tone (과거형과 내면적 어조의 결합)
커피를 마시며 떠오른 내면의 목소리를 담은 회상형 표현. 서정적이고 자기 성찰적인 문장이 많다.

- I sat in silence, letting the bitterness fill the space between us: 우리 사이를 채우는 씁쓸함
- Each sip slowed down the world around me: 커피 한 모금마다 멈춰지는 세상
- The warmth in my hands was the only thing keeping me steady: 손에 남은 온기가 나를 붙잡아줄 때
- My cup was empty, but my heart was full: 텅 빈 잔과 가득 찬 마음

4. Identity & Self-Reflection (정체성과 감정의 연결)
자신을 커피에 투영하여 감정과 존재를 드러내는 방식. 커피가 곧 나를 상징하게 되는 순간들.

- It was more than a drink, it was a pause between two lives: 두 삶 사이의 일시 정지
- I found myself in that cup: a little strong, a little sweet, mostly tired: 강하고 달콤하지만 지친 나의 맛

Creative Activity

- 친구와 에세이를 서로 읽어주고, 인상 깊은 문장을 영어로 뽑아보기
- 자신의 글에 들어간 감정 단어/표현을 리스트업해 영어 감정 어휘장 만들기
- 특정 커피에 이름을 붙이고 브랜드 광고처럼 묘사하기
  예 "Bold Grace – strong but kind"
- 자신이 쓴 에세이를 간단한 프레젠테이션 형태로 공유해보고, 영어 말하기 훈련으로 확장해보기

커피 한 잔에 대한 글을 쓰는 것은 결국, 나를 쓰는 일이다. 기억이 향으로 피어오를 때, 그 문장은 더 이상 연습이 아니라 당신의 목소리이자 온도가 된다.

CHAPTER 43

문화 리플렉션 글쓰기
광고 vs 내 가치관

광고는 언제나 우리에게 무언가를 말하지만, 그것이 우리가 동의하는 말이 아닐 수 있다. 어떤 문장은 설득처럼 다가오고, 어떤 이미지는 무심코 우리의 욕망을 자극하지만, 그 안에는 반드시 '이상적인 삶은 이런 것이다'라는 기준의 목소리가 숨어 있다. 그리고 그 목소리는 때때로 불편하거나 낯설고, 나의 삶과는 어딘가 어긋나 있다.

이 장에서는 광고 속 메시지가 내 생각, 감정, 가치와 어떻게 충돌하거나 교차하는지를 자신만의 언어로 풀어보는 글쓰기를 시도해본다. 이것은 단순한 감상문이 아니다. 누군가의 메시지를 따라가는 것이 아니라, 그 메시지에 질문을 던지고, 나만의 기준으로 다시 해석하는 문화적 자기표현의 훈련이다.

광고는 단지 물건을 팔기 위해서만 존재하지 않는다. 그것은 종종 소비, 성공, 아름다움, 자유 같은 키워드를 특정 방식으로 정의하며, 이상적인 삶의 이미지와 감정의 방향을 제시한다. 우리는 그 언어 속에서 '갖고 싶은 삶'과 '되고 싶은 사람'을 상상하지만, 그 기준이 과연 나의 것인가?라는 질문을 던질 수 있어야 한다. 때로는 화려한 말과 이미지 뒤에 배제된 시선, 왜곡된 기준, 불편한 침묵이 숨어 있다. 그 틈을 발견하고, 내 감정과 가치로 다시 말해보는 것이 이 글쓰기의 출발점이다.

광고를 읽는다는 것은 나의 언어로 세상을 다시 말하는 일이다. 이 장에서는 그 '다시 말하기'를 통해, 영어로 나를 표현하는 더 깊은 언어의 힘을 만들어간다.

Writing Insight: Reflective Essay on Advertising

1단계: 광고 선택
최근 보았거나 기억에 남는 광고 떠올리기
예) 명품 브랜드, 친환경 메시지를 강조하는 제품 광고 등

2단계: 광고 메시지 분석
그 광고가 말하고자 하는 주 메시지 요약하기

3단계: 내 생각 연결
그 메시지가 내 가치관과 어떤 점에서 일치하거나 충돌하는지 생각해보기

4단계: 개인 경험 연결
해당 광고를 보고 떠오른 나만의 경험이나 감정 서술하기

5단계: 마무리 및 제목 정하기
광고와 나의 생각이 어떻게 다르고, 그 차이가 나에게 어떤 의미인지 정리해보기

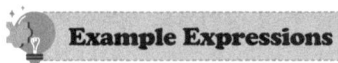 **Example Expressions**

광고가 건네는 말은 때로는 설득보다 혼란을 주고, 공감보다는 거리를 만든다. 아래는 광고를 보며 우리가 느낄 수 있는 다양한 감정의 결을 정리한 표현들이다:

• **Disillusionment**

화려한 약속 뒤에 느껴진 공허함

The ad said Be more. Buy more. but I felt less.

It looked beautiful, but the message felt empty.

• **Environmental Values**

내가 지키고 싶은 것들과 충돌하는 소비 언어

I believe style shouldn't come at the cost of the planet.

• **Questioning Success**

성공의 정의가 내 삶과 어긋날 때

This slogan made me think about how I define success.

• **Freedom vs. Control**

'자유'라는 말이 오히려 통제처럼 느껴질 때

Their idea of freedom didn't match mine.

• **Emotional Pressure**

행복을 판다고 말하지만, 실은 강요처럼 들리는 순간들

The commercial promised happiness, but all I saw was pressure.

• **Disconnection**

나에게 말을 거는 듯하지만, 결국 나를 소외시키는 언어

→ It didn't speak to me. It spoke at me.

 Creative Activity

- 광고 리라이트(rewrite) 해보기: 나였다면 이렇게 바꿨을 것
  특정 브랜드의 광고를 비판적으로 분석한 후, 그 광고의 메시지를 나만의 문장으로 다시 써보기
  예 원래 슬로건: "More is better" / 나의 슬로건: "Better is enough"
  영어로 작성 예시:
- This ad made me think that more doesn't always mean better. If I rewrote it, I'd say 'Better is enough.' Because I believe in simplicity.

- 광고 문장 비교 토론하고 문화 해석의 차이 느끼기
  같은 광고 문구가 서로 다르게 해석될 수 있는 이유를 토론해 보기
  예 Because you're worth it.
  → 누군가에게는 '자존감'의 언어, 누군가에게는 '과잉소비'의 정당화
  → 영어로 자신의 해석을 짧게 글로 써보고, 친구들과 비교해보기

광고는 감정을 설계하고, 기준을 제시하지만, 그 언어에 고개를 끄덕일지 저을지는 나의 몫이다. 질문을 던지는 글을 쓰는 순간, 영어는 따라 말하는 언어가 아니라 '나답게 말하는' 언어가 된다.

CHAPTER 44

인터뷰 실습
나의 콘텐츠 취향을 영어로 말하기

　영어 회화에서 가장 실용적인 구조 중 하나는 바로 인터뷰 형식이다. 질문에 답하고, 자신의 생각을 표현하며, 다시 상대에게 질문을 던지는 쌍방향 대화는 실제 영어 커뮤니케이션의 핵심이다. 인터뷰는 단순한 문답을 넘어, 자기 자신을 말하는 대화 형식이다. 이 장에서는 내가 좋아하는 콘텐츠(예 유튜브 채널, 넷플릭스 드라마, 팟캐스트, 음악 등)를 주제로 인터뷰 형식의 영어 말하기 실습을 진행한다.

　이 활동은 단순한 말하기 연습을 넘어서, '내가 무엇을 보고 듣고 좋아하는지'라는 문화적 정체성을 영어로 표현해보는 과정이다. 콘텐츠에 대한 이야기를 한다는 것은 단지 "재밌었어요"라는 감상의 전달이 아니다. 그 안에는 내가 무엇에 끌리는지, 어떤 장면에 감동했는지, 왜 공감했으며, 추천하고 싶은 이유가 함께 담겨 있다. 이처럼 콘텐츠를 언어로 풀어내는 과정은, 자신만의 생각을 구성하고 전달하는 힘을 키워준다.

인터뷰 형식은 단순한 Q&A를 넘어 감정, 맥락, 관점을 담아내는 '문화적 자기표현'의 장르다. 누군가의 질문에 자신 있게 답하고, "What I liked about it was…", "What really moved me was…", "If I could recommend just one episode…" 같은 표현을 자연스럽게 구사할 수 있다면, 단지 말하기를 넘어 문화적 소통자로서의 감각을 기를 수 있다.

다시 말해, 콘텐츠 취향은 나라는 사람의 감각과 가치관을 드러내는 언어의 출발점이 된다. 이 장의 핵심은 유창함보다 자연스러운 감정 표현과 말하기의 자기화에 있다. 스크립트를 외워 말하기보다는, 실수해도 괜찮다는 마음으로 자신의 말투와 리듬을 찾는 연습을 해보자. 콘텐츠에 대한 애정을 담아 말하는 그 순간, 영어는 단지 외국어가 아니라 내 이야기를 담는 살아 있는 언어가 된다.

특히 친구와 짝을 이루어 서로 인터뷰를 진행하거나, 자신이 좋아하는 콘텐츠를 소개하는 '미니 토크' 활동으로 확장할 수도 있다. 이 과정은 말하기 실력뿐 아니라 경청과 응답의 감각까지 함께 키워준다.

Language Insight

콘텐츠에 대해 말한다는 것은 단순히 재미있었다고 감상을 전하는 것이 아니다. 내가 왜 그 콘텐츠에 끌렸는지, 어떤 장면에서 감정이 움직였는지, 무엇을 새롭게 느꼈고, 어떻게 공감했는지를 영어로 자연스럽게 표현하는 것이 중요하다. 이때 사용하는 언어는 개인의 감정과 경험을 담아야 하며, 자신만의 말투와 연결되어야 한다.

예를 들어, 어떤 콘텐츠를 보고

> I got totally hooked on it because…
> It felt like they were speaking directly to me
> One line that stuck with me was…
> It made me see things from a new perspective
> What I love is how real it feels. It's like watching myself on screen sometimes
> This show kind of redefined what comfort content means to me

이런 표현은 단순한 감상이 아니라, 콘텐츠와 나 사이의 정서적 연결을 보여주는 말이다.

다음과 같은 질문을 참고하면 자신의 감정과 경험을 더 깊이 풀어낼 수 있다:

> What kind of content do you usually watch or listen to?
> Why do you like it?
> Which episode or part do you remember most?
> Has it changed the way you think or feel about something?
> How often do you watch or listen to it, and when?
> Would you recommend it to a friend? Why or why not?

이러한 표현과 질문을 활용하면서, 영어는 단지 외국어가 아니라 나를 설명하고 나의 취향과 감정을 담아내는 살아 있는 언어가 된다. 중요한 것은 유창한 표현이 아니라, 진정성 있는 나만의 언어를 찾는 연습이다.

 Creative Activity

- 자신이 좋아하는 콘텐츠 하나 선정
- 이유, 특징, 기억에 남는 부분을 중심으로 영어로 간단한 인터뷰 스크립트 구성
- 역할극(롤플레이) 또는 친구와 짝을 지어 실제 인터뷰 진행

CHAPTER 45

사회문화적 이슈에 대한 논리적 표현 연습

   영어 말하기와 쓰기의 궁극적인 목표는 단순한 전달을 넘어, 나의 의견을 명확하고 설득력 있게 표현하는 것이다. 이 장에서는 환경, 기술, 젠더, 교육, 소비문화 등 사회문화적 주제를 중심으로, 자신의 입장을 논리적이고 배려 있는 언어로 풀어내는 연습을 한다. 이런 주제에 대해 말한다는 것은 단순히 영어 실력을 평가받는 일이 아니다. 생각을 언어로 정리하고, 타인의 시선을 고려하면서 자신의 기준을 분명히 세우는 작업이며, 정답을 말하기보다 근거(reason), 예시(example), 반론(refutation)을 통해 조리 있게 내 생각을 전개하는 것이 핵심이다.

   사회문화적 이슈를 영어로 표현하려면 비판적 사고(critical thinking)와 문화 감수성(cultural awareness)이 함께 요구된다. 따라서 이 장에서는 주제별 간단한 배경과 다양한 시각을 살펴본 뒤, 자신의 관점을 차분하게 논리적으로 말하는 훈련을 진행한다. 이 과정은 단순히 표현법을 익히는 수업이 아니다. 우리는 주장(statement)과 이유(reason)를 연결하고, 구체적인 예시(example)를 제시하며, 반론(refutation)을 인식하고 존중하는 태도를 배우는 과정 속에서, '표현은 기술이 아니라 태도'라는 사실을 체득하게 된다.

설득은 상대를 이기는 기술이 아니라, 서로를 이해하는 방식의 말하기다. 이러한 이유로 이 장의 목표는 유창한 문장이 아니라, 논리와 감정의 균형을 갖추고, 문화적 배려가 담긴 영어 표현을 익히는 것이다.

Language Insight

사회문화적 주제에 대해 영어로 자신의 입장을 표현할 때는 주장(statement) → 이유(reason) → 예시(example) → 반론 고려(refutation)의 흐름을 갖추는 것이 중요하다. 단순히 의견을 말하는 것이 아니라, 상대의 생각도 존중하면서 설득력 있게 말하는 태도가 핵심이다. 다음과 같은 표현과 질문은 그러한 구조를 자연스럽게 연습하는 데 도움을 준다.

> I believe that… because…
> One reason I think this way is…
> For example, in my country…
> Some people might say that…, but I think…
> To me, this issue is not just about __, but also about __.
> I used to think…, but after learning more, I realized…

This topic matters because it affects…

이야기를 시작해볼 수 있는 질문들:

What's your opinion on this issue?

Why do you think people disagree on this topic?

Can you share an example from your own experience?

Has your opinion on this issue ever changed? Why?

How do people in your culture usually view this topic?

What values or beliefs influence your point of view?

이러한 표현과 질문은 단순한 찬반을 넘어서, 자신의 경험과 문화적 배경을 반영한 '생각의 언어'를 만들어가는 도구가 된다. 유창함보다 진정성과 논리성, 그리고 문화적 배려를 담은 영어 표현이 이 장의 핵심이다.

 Creative Activity

- 선택한 주제에 대해 3~5문장으로 자신의 의견을 영어로 말하거나 써보기
- 친구와 서로의 주장을 듣고, 질문하거나 보완 의견을 영어로 제시해보기
- 하나의 주제에 대해 찬성과 반대 입장을 나눠 토론해보기
- TED Talk이나 뉴스 영상 시청 후, 발표자의 주장과 근거를 요약하고 자신의 의견을 덧붙이기
- 뉴스 기사 제목을 참고해 주제별 주장문(Thesis Statement)을 작성해보기
- "논쟁문장 하나로 말하기" 연습: 주어진 문장을 받아 말로 풀어보며 논리 흐름 점검

Practice

다음 문장들은 사회문화적 이슈에 대해 자신의 관점을 논리적으로 말하는 연습 예시다. 주장, 이유, 예시, 반론의 구조를 참고해 스스로 말하거나 써보며 응용해보자.

I believe that fast fashion should be regulated because it harms both the environment and labor rights. For example, many factories exploit workers in developing countries under unsafe conditions.

Some argue that AI in education increases efficiency, but I think it can never fully replace human empathy and spontaneity.

Although online learning offers flexibility, face-to-face classrooms provide essential social interaction and immediate feedback.

사회문화적 이슈를 영어로 말한다는 것은, 단어를 넘어 생각을 말하는 일이다. 그리고 그 언어는 논쟁을 위한 말이 아니라, 공감과 공존을 향해 나아가는 설득의 기술이 된다.

CHAPTER 46
문화 비교 프레젠테이션 기획과 실습

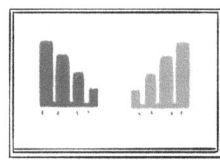

영어로 자신의 생각을 표현하는 능력은 비교와 설명을 통해 더욱 선명해진다. 이 장에서는 한국과 미국, 동양과 서양, 전통과 현대 등 서로 다른 두 문화를 비교하는 문화 비교 프레젠테이션을 기획하고 실습해본다. 단순한 나열이 아닌, 공통점과 차이점을 논리적으로 설명하고, 그 속에 담긴 가치관이나 생활 방식의 차이를 문화적으로 해석하는 것이 핵심이다.

이 활동은 단지 영어를 잘 말하는 훈련이 아니라, 내가 살아온 문화를 타인에게 설명하고, 다른 문화를 존중하는 연습이자 일종의 문화 통역 과정이다. 문화 비교는 곧 나 자신을 설명하는 일이기도 하다. 타문화를 말하려면 반드시 자문화를 되돌아보게 되기 때문이다. 그래서 이 활동은 영어 실력뿐 아니라 자기 인식(self-awareness)과 문화 감수성

(cultural sensitivity)을 함께 키우는 기회가 된다.

발표는 다음과 같은 구성 흐름을 따른다:

1. 도입(Introduction): 내가 이 주제를 선택한 이유를 설명한다. 단순한 흥미일 수도 있고, 직접 경험에서 비롯된 질문일 수도 있다. "왜 이 비교가 중요한가?"를 청중에게 말해주는 단계다.
2. 본론(Main points): 발표 주제를 2~3가지 핵심 비교 항목으로 나누어 설명한다. 예를 들어 '학교에서의 예절 문화', '음식 공유 방식', '시간 개념', '친구 관계 표현' 등을 중심으로 구체적인 사례를 들어 비교하되, 단순한 차이 나열이 아니라 문화적 맥락과 배경을 함께 제시해야 한다.
3. 결론(Conclusion): 이 비교를 통해 내가 느낀 점을 정리하고, 상대 문화에 대한 배려와 이해의 표현으로 마무리한다. 발표의 마지막은 지식이 아니라 시선의 변화를 보여주는 것이 좋다.
4. 핵심 메시지 (Takeaway): 이 발표를 통해 궁극적으로 청중이 무엇을 느끼고, 생각해보길 바라는지를 정리한다. 단순한 정보의 요약이 아니라, 발표자가 전달하고 싶은 가장 중요한 통찰이나 시선의 변화를 담는다.

   예 "After all, tomorrow is another day."

Practice

1. 비교

"In Korea, people tend to... whereas in the U.S., it is more common to..."

"Compared to Western cultures, Eastern societies often..."

2. 공통점 강조

"Both cultures value... but express it differently."

"Interestingly, while the customs differ, the intention behind them is quite similar."

3. 배경 설명

"This difference comes from the fact that..."

"Historically, this practice originated from..."

4. 느낀 점 공유

"What I found interesting was..."

"This made me realize that..."

"I used to think..., but now I understand..."

Language Insight

문화 비교 프레젠테이션은 단순한 문법 훈련이 아니라, 서로 다른 문화적 시선과 관행을 언어로 풀어내는 작업이다. 비교 표현은 단순한 대조를 넘어서, 배경 설명, 문화적 의도 파악, 그리고 인식의 확장을 이끌어내는 데 활용될 수 있다.

예를 들어 "Compared to Western cultures, Eastern societies often..."와 같은 표현은 단순한 차이를 말하는 데 그치지 않고, 문화적 사고방식과 가치관의 차이를 드러낸다. 이처럼 단어 선택과 표현 방식은 문화적 화용 능력과도 밀접하게 연결되어 있다.

> **Creative Activity**
> - 2인 1조 또는 소그룹으로 팀을 구성하여 주제를 나누어 발표 준비하기
> - 문화 비교 프레젠테이션 실습 후 피드백 주고받기 (영어 표현, 구성력, 문화 감수성 등)
> - 발표에 사용할 자료 제작: 시각자료(PPT, 이미지, 짧은 영상 등)와 함께 발표 스크립트 요약문 작성하기
> - 발표 후, 청중에게 받은 질문에 영어로 답해보는 실전 Q&A 활동 진행
> - 주제 관련 퀴즈나 토론을 추가로 구성하여 발표 전·후의 이해도 향상시키기

문화는 비교될 때 더 깊이 이해된다. 비교는 우열이 아니라 관계를 만드는 언어이며, 프레젠테이션은 그 문을 여는 첫걸음이다. 그리고 영어는 그 문을 여는 열쇠가 된다.

영어 에세이 구조 익히기

영어 에세이는 단순한 문장 나열이 아니라, 생각을 구조화하고 타인과 논리적으로 소통하는 훈련장이다. 특히 주장(Claim), 근거(Reason), 예시(Evidence)라는 기본 구조는 영어권 아카데믹 글쓰기의 핵심이다. 짧은 글이라도 이 틀에 따라 구성하면 의견을 조리 있게 전달하고, 설득력 있는 흐름을 만들 수 있다. 많은 학습자들이 영어 글쓰기에서 가장 어려워하는 것은 "무엇을 말할 것인가"보다 "어떻게 구성할 것인가"이다.

한국어 글쓰기나 말하기에서는 암묵적인 맥락이 중요한 반면, 영어는 주장을 선명하게 드러내고, 그 주장을 이유와 근거로 계단처럼 이어나가는 방식을 선호한다. 글 전체를 하나의 주장으로 설계하고, 그 주장을 독자가 따라갈 수 있도록 안내하는 것이 바로 문장의 연결, 논리의 흐름, 감정의 조율을 함께 고려하는 영어 글쓰기의 본질이다.

글을 쓰는 것은 단순한 언어 훈련이 아니다. 그것은 내가 무엇을 생각하는지, 왜 그렇게 생각하는지를 타인에게 설득력 있게 전달하는 말의 설계다. 여기에는 논리만이 아니라, 감정과 가치, 문화적 시선까지 함께 담겨야 한다.

이 장에서는 Claim–Reason–Evidence라는 글쓰기의 기본 구조를 실제로 활용해보며, 자신의 주장을 설득력 있게 펼쳐가는 훈련을 해본다. 이러한 연습은 단순히 글을 잘 쓰는 데 그치지 않고, 영어로 말하고 토론하며 발표할 때까지도 자연스럽게 확장된다. 결과적으로 이런 글쓰기 과정을 거치며 체득한 영어는 더 이상 '문법의 언어'가 아니라, 의미와 관점을 연결하는 언어, 생각을 세상과 나누는 언어로 자리 잡는다.

Claim–Reason–Evidence 구조로 말하고 쓰기

영어로 말하거나 글을 쓸 때 자신의 생각을 논리적이고 설득력 있게 표현하는 데 도움이 되는 구조가 바로 Claim–Reason–Evidence(C-R-E)이다. 이 틀은 단순한 작문 연습을 넘어, 말하기와 토론, 프레젠테이션에서도 명확한 메시지를 전달하는 데 효과적이다.

Claim은 내가 말하고자 하는 주장이나 입장을 의미한다. 예를 들어, "I believe that fair trade coffee helps build a better world."는 공정무역 커피가 더 나은 세상을 만든다는 개인의 입장을 드러낸 문장이다.

Reason은 그 주장을 뒷받침하는 논리적인 이유다. 위의 주장에 이어, "It ensures that farmers are paid fairly for their labor."라고 말하

면 그 생각의 근거가 보다 명확해진다.

Evidence는 그 이유를 실제로 입증하는 사례나 통계, 개인적 경험 등을 말한다. 예를 들어, "According to the Fairtrade Foundation, over 1.7 million farmers have benefited from ethical trade policies."와 같이 구체적인 출처나 데이터를 제시하면 설득력이 훨씬 높아진다.

이러한 Claim‑Reason‑Evidence 구조를 연습하면, 단순히 자신의 생각을 표현하는 것을 넘어, 왜 그런 생각을 하게 되었는지, 그 주장을 타인에게 어떻게 납득시킬 수 있는지를 영어로 체계적으로 전달할 수 있게 된다.

💡 Cultural Insight

주장을 표현하는 방식에도 문화가 담겨 있다.

서구 문화에서는 자신의 의견을 직접적이고 논리적으로 표현하는 것이 민주적인 대화 문화의 핵심으로 여겨진다. "I believe that…", "The evidence shows…" 같은 문장은 단지 언어 기능을 넘어서, 의견을 명확히 밝히고 논리적 근거를 중시하는 민주적 토론 문화를 반영한다.

반면, 일부 동아시아 문화권에서는 주장보다는 조심스러운 제안이나 간접 표현을 선호하는 경향이 있다. 이는 조화와 관계 중심의 커뮤니케이션을 중시하는 문화적 가치관에서 비롯된다.

이처럼 Claim‑Reason‑Evidence 구조는 단순한 글쓰기 틀이 아니라, 의사소통 방식의 문화적 차이를 이해하고, 글로벌 소통에서 존중과 설득의 균형을 배우는 훈련이 된다. 영어로 글을 쓰거나 말할 때, '무엇을 주장하는가' 못지않게 '어떻게 주장하는가'도 중요한 문화적 실천이 된다.

 Creative Activity

- 주어진 주제 중 하나를 선택하여 Claim-Reason-Evidence 구조로 100~120단어 분량의 짧은 영어 에세이를 작성해 보자.
  예 "Should students be allowed to use AI in writing assignments?")

- 친구와 짝을 이루어 서로의 글을 읽고, 다음 질문에 따라 Peer Feedback 주기
  ① Claim이 명확하게 제시되었는가?
  ② Reason이 논리적으로 연결되어 있는가?
  ③ Evidence가 실제적이거나 설득력 있는가?

영어 에세이는 당신의 의견을 조리 있게 전달하는 언어의 설계도다. 한 문장 안에 논리와 감정, 문화적 시선을 녹여내는 훈련은, 영어를 '말하는 도구'가 아닌 '생각의 도구'로 발전시켜 준다.

CHAPTER 48

다문화적 상황에서의 표현 전략과 배려

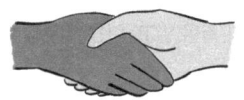

　다문화적 상황에서 영어를 사용할 때, 단순한 문법이나 유창함보다 더 중요한 것은 상대방을 존중하는 태도와 문화적 맥락에 대한 감각이다. 같은 문장이라도 누가, 어떤 관계에서, 어떤 문화적 배경 위에서 말하느냐에 따라 전혀 다르게 받아들여질 수 있기 때문이다. 영어는 분명 글로벌 언어이지만, 그 안에는 미묘하게 다른 문화적 관점, 정서 표현 방식, 관계 맺기 언어가 공존한다. 따라서 글로벌 커뮤니케이션에서 중요한 것은 '말하는 능력'보다 '상대의 문화를 감지하고 존중하는 태도'다.

　이 장에서는 다음과 같은 질문에 답하며 배려 깊은 영어 표현 전략을 익힌다:

1. 영어에 존댓말이 없는데, 어떻게 예의를 표현할 수 있을까?

2. 직접적인 표현은 언제 효과적이고, 언제 피해야 할까?

3. 감정을 표현하면서도 오해 없이 전달하는 방법은 무엇일까?

4. 상대방의 문화적 배경을 고려해 말투와 어휘를 조절하려면 어떻게 해야 할까?

우리는 흔히 '영어는 직설적'이라고 생각하지만, 영어권 화자들 역시 관계 유지를 위해 다양한 언어 전략을 사용한다. 문화가 다른 환경에서 영어로 말할 때 가장 먼저 신경 써야 할 것은 '내가 무슨 말을 하느냐'보다 '상대방이 어떻게 들을 수 있느냐'이다.

예를 들어, 미국인에게 "That's not logical"이라고 말하면 단순한 의견 차이로 받아들일 수 있지만, 일본인이나 한국인 청자에게는 무례하거나 공격적으로 들릴 수 있다. 반대로, 일본인의 "It might be difficult"는 사실상 '거절'임에도, 미국인 청자는 단순히 '고민 중'으로 오해할 수 있다.

이처럼 표현의 직설성과 간접성, 부정적 메시지를 전달하는 방식은 문화마다 다르며, 이를 고려하지 않으면 좋은 의도가 오해로 바뀔 수 있다.

문화적 차이를 이해하고 조율하기 위해 기억해야 할 세 가지 소통 개념이 있다.

첫째, Contextual Awareness (맥락 인식력)

같은 문장이라도 '공식 회의', '이메일', '친구와의 대화'에서 전혀 다르게 해석될 수 있다. 예를 들어, "We should talk"는 연인 사이에서는 위기 신호처럼 들리지만, 직장에서는 단순한 논의 요청이 될 수 있다. 이처럼 맥락을 감지하는 능력이 배려의 첫걸음이다.

둘째, Audience Shifting (청자 중심 언어 조절)
청자가 아시아계 교환학생인지, 중동 지역의 비즈니스 파트너인지, 혹은 미국 내 지역 커뮤니티 구성원인지에 따라 언어의 어조와 단어 선택은 달라져야 한다. 예 "I need this by tomorrow" → "Would it be possible to have it by tomorrow, if that's okay with you?"

셋째, Tone Management (감정 조절과 말투 구성)
비판이나 이견을 말할 때, 단어보다 중요한 것은 말투다. 예 "Your idea is confusing" 대신 "I'm trying to understand your point better. Could you clarify this part?"처럼 감정을 드러내되 비난은 피하는 구조가 효과적이다.

글로벌 소통에서 정중함은 단순히 'please'를 붙이는 것이 아니라 언제 말을 멈추고, 언제 질문을 던지며, 어떻게 불편한 말을 매끄럽게 건넬지를 아는 지혜다.

✔ 제안할 때:
Would you like to…?
How about we…?

Would it be okay if I…?

Would you be open to trying…?

Perhaps we could consider…?

I was thinking maybe we could…

✓ 동의 요청:

Is it alright with you if…?

I hope you don't mind…

Let me know if this works for you.

I hope this isn't too much to ask.

✓ 다른 의견 표현:

I see your point, but from my experience…

That's interesting, though I feel differently because…

I totally get what you're saying, but I see it a bit differently.

That's a good point. Another way to look at it might be…

While I respect that view, in my experience…

✓ 배려 표현:

I appreciate your perspective.

Thanks for sharing that. It helps me understand more.

I can see where you're coming from.

Thank you for explaining. That really helps.

I hadn't thought of it that way. Thanks for the insight.
Your perspective is really valuable.

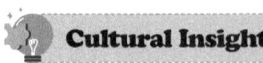 **Cultural Insight**

다문화적 상황에서는 말의 내용뿐 아니라 '언제, 누구에게, 어떤 방식으로 말하는가'가 매우 중요하다. 특히 다음과 같은 순간에는 단어 하나, 표현 하나에 문화적 배려와 맥락 이해가 필수적이다:

1. 회의에서 상대방의 의견에 반대할 때
→ 직접적으로 "I don't agree"라고 말하는 대신, "I see what you mean, but have you considered…?"처럼 상대를 인정하면서도 관점을 제시하는 표현 전략이 필요하다.

2. 다양한 배경을 가진 청중 앞에서 발표할 때
→ 특정 지역이나 계층에만 통하는 예시, 속어, 문화 코드 사용은 배제감이나 거리감을 유발할 수 있음. 표현을 보편적이고 신중하게 조정하는 것이 중요하다.

3. 유머나 비유를 사용할 때
→ 유머는 문화에 따라 전혀 다르게 받아들여질 수 있으며, 특히 풍자나 성적 농담, 종교적 비유는 민감하게 작용할 수 있음. 가급적 중립적이고 상황에 맞는 유머를 선택하거나 비유 없이 직관적으로 표현하는 것이 좋다.

4. 성별, 인종, 신념 등 민감한 주제를 다룰 때

→ "third world" 대신 "developing countries", "illegal immigrant" 대신 "undocumented person" 등 보다 중립적이고 포용적인 언어를 선택함으로써, 듣는 사람의 정체성과 감정을 섬세하게 존중할 수 있다.

이러한 표현 변화는 단순한 정치적 올바름이 아니라, 언어를 통해 배제하지 않고 연결하려는 태도의 실천이다.

이러한 순간들은 단지 말실수를 피하는 차원이 아니라, 문화적으로 조율된 존중의 언어를 선택하는 감각을 훈련할 기회이기도 하다. 언어는 관계를 만들기도 하고, 무너뜨리기도 한다. 따라서 다문화 환경에서 영어를 사용할 때는 정확성보다 섬세함, 유창함보다 배려의 깊이가 더 중요한 메시지를 만든다.

Creative Activity

- 문화적 충돌 상황 롤플레이
  실제 경험 또는 상상 상황(예 회의에서의 표현 오해, 이메일에서의 거리감 등)을 바탕으로 영어 대화를 구성하고 역할극 해보기.
  ▶ 예 "I'll try"라는 말이 한국에서는 '거절'로 해석될 수 있는 상황 재연.

- 다문화 대화 장면 분석
  영화나 뉴스 속 다문화 대화 장면을 시청한 뒤, 등장인물의 표현 방식과 문화적 차이를 비교 분석하기.
  ▶ 추천 자료: The Farewell, Crash, BBC 다문화 인터뷰 등.

- '문화적 오해'를 주제로 짧은 영어 에세이 또는 대화문 작성

▶ 주제 예시: "Why 'No problem' didn't help: A case of unintentional rudeness"
▶ 대화문 예시: 서로 다른 문화권 사람이 이메일 말투를 오해한 상황 구성

말투, 시선, 속도, 간격: all these nonverbal cues matter.

말할 때는 정확성보다 '상대방을 향한 마음'을 더 잘 전달하는 것이 중요하다.

"I'm still learning, so please let me know if I say something wrong."처럼 자신의 부족함을 인정하는 겸손한 표현이 오히려 신뢰를 만든다.

영어는 기술이 아니라 태도다. 다양한 문화 속에서 영어를 사용할수록, '말하기'는 곧 '배려하기'가 된다. 이 장의 연습을 통해, 글로벌 환경에서 진심과 존중을 담아 소통하는 언어 사용자로 성장할 수 있다.

CHAPTER 49

영어로 생각을 말하다

우리는 생각을 머릿속에만 담아둘 수 없다. 생각은 언어를 통해 정리되고, 말하는 순간 구체적인 의미를 갖는다. 특히 영어로 생각을 말한다는 것은 단순히 외국어로 말하는 기술을 넘어서, 나의 시선과 감정을 다른 문화의 언어로 구조화해보는 훈련이다. '영어로 말하기'는 결국 '영어로 사고하고 구성하고 표현하는' 언어적 사고력의 실천이며, 이를 통해 우리는 언어 바깥의 나를 새롭게 바라보게 된다. 이때 중요한 것은 정확한 문법이나 화려한 어휘보다, 자신의 생각을 어떻게 조직하고, 어떤 구조로 전달하며, 어떤 감정과 논리를 담아낼 수 있는가이다. 영어로 말하는 것은 단순한 번역이 아니라, 사고의 방식과 문화적 감각까지 바꾸는 일이다.

이러한 말하기 훈련이 가장 도전적이면서도 교육적으로 가치 있는 순간은 바로 복잡한 사회적·문화적 이슈에 대해 자신의 입장을 말할 때다. 즉흥적인 말하기를 넘어서, 의견을 정리하고, 상대를 고려하며, 맥락을 파악해 표현해야 하는 이 과정에서 영어는 단순한 수단이 아니라, 생각을 조직하고 타인과 조율하는 도구가 된다. 특히 문화적 이슈를 주제로 한 찬반 토론은 언어를 넘어 다양한 시각과 가치관이 충돌하고 협상되는 장이 된다. 이때 학생은 단지 영어로 발화하는 학습자가 아니라, 자신만의 언어적 정체성과 사회적 감각을 빚어가는 주체가 된다.

영어로 문화 이슈에 대해 토론한다는 것은 단순히 언어 능력을 시험하는 일이 아니다. 그것은 자신의 생각을 조직하고, 감정을 절제하며, 논리적으로 자신을 드러내는 사회적 소통의 과정이다. 영어로 의견을 말한다는 것은 단지 언어를 구사하는 일이 아니라, 어떤 문화적 맥락 속에서 나의 위치, 경험, 신념을 발화하는 정치적·윤리적 선택이기도 하다.

'말을 잘한다'는 것은 문장이 유창하다는 뜻이 아니라, 말 속에 생각을 담아낸다는 뜻이다. 특히 문화적 이슈를 주제로 한 찬반 토론은 언어를 넘어서 다양한 시각과 가치관이 만나는 공간이 된다. 이때 영어는 단순한 도구가 아니라, 생각을 표현하고 충돌하고 조율하는 무대가 된다. 학생들은 영어를 통해 타인의 관점을 듣고, 나의 입장을 정리하며, 언어적 리더십과 문화적 감수성을 함께 키우는 경험을 한다.

현대 사회는 '동의합니다'와 '동의하지 않습니다' 사이에 단순한 선이 아니라 복잡한 문화적 층위가 존재한다. 예를 들어 AI 교사는 인간 교사를 대체할 수 있는가?, SNS는 사람을 더 외롭게 만드는가?, K-POP은 문화 전유인가 문화 확산인가? 같은 질문은 단순히 사실 여부를 따지는 문제가 아니다. 이러한 질문은 해석과 맥락, 감정과 역사, 윤리와 정체성이 얽혀 있는 복합적인 문화 담론(cultural discourse)이다. 그래서 정답은 없지만, 다양한 입장이 있고, 그 입장에는 나름의 삶과 가치가 있다. 학생들은 이런 논쟁적 주제를 다루면서 언어 능력뿐 아니라 자신이 누구인지, 무엇을 중요하게 여기는지를 성찰하게 된다. 영어 토론은 단순한 발화 훈련이 아니라, 세계를 해석하는 틀을 구성하고, 그 틀을 타인과 공유하는 언어적 상호작용의 장이다.

영어 토론의 핵심은 논리적 구조와 정서적 절제 사이의 균형이다. 주장만으로는 설득이 되지 않고, 감정만으로는 논의가 이어지지 않는다. 효과적인 발화는 '무엇을 말하느냐'보다 '어떻게 말하느냐'에 달려 있다. 한 문장 안에서도 말투, 억양, 근거 제시 방식에 따라 설득력은 전혀 달라진다.

영어 토론은 단순히 말을 잘하는 훈련이 아니라, 생각과 감정을 함께 조율하는 훈련이다. 예를 들어, I think social media does more harm than good to teenagers. It affects their mental health and creates unrealistic expectations. 라는 문장은 논리적으로는 명확하지만, 말하는 이의 억양, 속도, 감정 표현에 따라 전혀 다르게 들릴 수 있다. 차분하게 말하면 설득이 되고, 날카롭게 말하면 공격적으로 받아들여질 수도 있다.

또한 훌륭한 토론자는 반대 입장을 요약하고 공정하게 반박할 수 있어야 한다. Some might argue that online learning is more flexible and convenient than face-to-face classes. However, this argument often overlooks the value of real-time interaction and personal connection between students and teachers.처럼 상대 입장을 먼저 언급하고 이를 논리적으로 반박하는 구조는 균형 잡힌 사고와 설득력을 동시에 길러준다. 중요한 것은 상대를 이기는 것이 아니라, 상대의 논리를 이해하고 자신의 입장을 더 명확하게 구성하는 것이다. 토론은 누군가를 설득하거나 몰아붙이는 싸움이 아니라, 서로 다른 시각을 교환하며 사고의 지평을 확장하는 협업의 과정이다. 이 과정에서 학생은 감정과 논리, 언어와 태도를 동시에 훈련하게 된다.

문화 이슈를 주제로 한 영어 토론에서는 특히 '정답 없음'의 불편함을 감당하는 훈련이 중요하다. 문화 전유(cultural appropriation)와 문화 공유(cultural exchange)의 경계, 표현의 자유와 혐오 표현의 경계, 세계화(globalization)와 문화 동질화(homogenization) 사이의 긴장은 정해진 답으로 풀 수 있는 문제가 아니다. 이때 필요한 것은 언어 기술이 아니라 윤리적 상상력, 정서적 인내, 문화 간 감수성이다. 학생들은 이런 질문을 탐색하면서, 단지 영어로 말하는 것을 넘어서 자신의 위치를 돌아보고, 타인의 입장을 인정하고, 더 복합적인 '문화적 시민'으로 성장하는 경험을 한다.

이러한 토론 활동은 프레젠테이션 실습으로도 확장될 수 있다. 발표 준비 시에는 먼저 제목(Title)을 정하고, 서론-본론-결론의 흐름을 시각적으로 안내할 수 있는 목차(Outline)를 슬라이드에 포함시킨다. 서론(Introduction)에서는 이 주제를 왜 선택했는지, 어떤 문제의식에서 출발했는지 간단히 밝힌다. 본론(Body)에서는 각 주장마다 토픽센텐스-이유-근거의 구조를 유지하며, 가능한 경우 반대 입장에 대한 요약과 반박도 포함시킨다. 슬라이드에는 긴 문장을 나열하기보다 핵심 키워드, 도표, 사진, 그림 등 시각적 자료를 적절히 활용하여 청중의 이해를 돕고, 발표자가 시각적 흐름을 따라가며 말할 수 있도록 한다. 결론(Conclusion)에서는 발표의 요지를 정리하고, 한 문장으로 핵심 메시지(takeaway)를 남기는 것이 좋다. 이 한 문장은 청중의 기억에 남을 만한 울림을 주어야 하며, 정보 전달을 넘어서 감정과 이미지로 인상 지워질 수 있어야 한다.

결국 영어로 문화적 이슈를 토론하는 것은 말을 유창하게 하는 연습이 아니라, 언어를 통해 세계를 이해하고 자신을 표현하며 타인과 소통하는 총체적 사고 훈련이다. 학생들은 영어로 말하면서 새로운 관점을 배우고, 익숙한 관념을 의심하며, 말과 생각, 감정과 논리를 하나의 장면 속에서 연결하는 경험을 한다. 이 과정에서 영어는 시험을 위한 기술이 아니라, 자신의 문화를 외부 세계와 연결하는 가교가 된다. 영어로 생각을 말한다는 것은 그 자체로 새로운 정체성과 문화 감수성을 빚어가는 실천이다. 학생은 더 이상 수동적인 학습자가 아니라, 언어를 통해 세계를 조망하고 타인과의 거리를 조율할 줄 아는 문화적 시민 언어 사용자(cultural-linguistic citizen)로 성장하게 된다.

영어로 생각을 말한다는 것은 단지 틀에 맞는 표현을 사용하는 것이 아니라, 말 속에 사고의 구조와 감정의 결을 담아내는 일이다. 다음의 표현들은 단순한 의사 표현을 넘어서, 논리적 설득력과 정서적 균형을 갖춘 발화를 위한 전략적 도구들이다.

To me, this reflects a deeper issue of…
→ 개인적 의견을 사회적·문화적 맥락으로 연결하며 주장할 때

Let's unpack this idea from multiple angles.
→ 복합적인 쟁점을 구조적으로 접근할 때

The underlying assumption here is that…
→ 논의의 전제를 지적하며 논리 전개할 때

That may be true, but it doesn't fully address…
→ 공정한 반론 제시 후 한계를 지적할 때

We're not just talking about facts; we're dealing with values.
→ 문화적 가치와 정체성의 차원을 언급할 때

This brings us to a broader question: what kind of society do we want?
→ 논의를 윤리적·사회적 질문으로 확장할 때

Let's not overlook the emotional dimension of this topic.
→ 감정적 영향과 경험의 중요성을 지적할 때

I hear your point, and here's how I see it differently.

→ 상대의 입장을 존중하면서도 자신의 관점을 제시할 때

이러한 표현들은 단지 말하는 기능이 아니라, 나의 생각이 타인의 세계 속에서 어떻게 공명할 수 있는지를 탐색하는 언어적 전략이다. 문장은 짧을 수 있지만, 그 안에 담긴 구조와 감정의 설계는 깊어야 한다. 영어는 정보 전달을 넘어서, 사고와 감정, 문화적 감각을 연결하는 말의 프레임이다.

Cultural Insight

영어 토론과 프레젠테이션은 단지 의견을 나누는 기술이 아니라, 다양한 문화적 시선이 교차하고 조율되는 상호작용의 공간이다. 발화의 목적은 누군가를 이기거나 설득하는 데 있지 않다. 오히려 중요한 것은 다른 생각을 듣는 태도, 감정을 절제하는 언어, 맥락에 민감한 발화 방식이다. 특히 사회문화적 이슈를 다룰 때는 자신이 선 자리의 문화적 배경과 상대방의 시선을 동시에 고려해야 하며, 영어 표현 속에 담긴 문화적 뉘앙스를 이해하는 감수성도 필요하다. 'agree to disagree', 'let's find common ground' 같은 표현은 단순한 문장이 아니라, 관계를 유지하며 소통을 이어가려는 문화적 태도를 보여준다.

영어 토론은 나의 언어가 누군가의 세계에 어떻게 닿는지를 끊임없이 성찰하게 만들며, 학생들은 그 과정을 통해 언어적 시민감각과 더 넓은 의미의 세계 이해 능력을 함께 확장하게 된다.

Creative Activity

1. 1분 찬성/반대 영상 만들기
- 주제 하나를 골라 찬성 또는 반대 입장을 1분 이내 영어 영상으로 말해보기.
  > 예 I believe AI should not replace teachers. Because… 식으로 논리적 구성 연습

2. 토론 표현 정리 카드 만들기
- 수업이나 영상에서 자주 쓰이는 영어 토론 표현들을 카드로 정리하고, 실제 토론 전에 랜덤으로 뽑아 말하기 실습.
  > 예 Some may argue that… / However, I believe that…

3. 3분 프레젠테이션 발표하기
- 찬반 주제 중 하나를 선택하고, 간단한 슬라이드(3장 정도)를 만들어 서론-본론-결론 구조로 짧게 발표해보기. 발표 후에는 청중이 agree/disagree로 손들고 한 문장씩 질문하거나 의견을 말해보기.

AI 시대, 정답 없는 커피, 정답 없는 언어

커피 한 잔과 영어 한 문장은 더 이상 과거의 상징에 머물지 않는다. AI와 디지털 기술은 감각, 언어, 관계 형성의 방식을 재편하며, 우리가 커피를 마시고 영어를 사용하는 방식에 깊은 변화를 일으키고 있다. AI는 커피 농장에 스마트 센서와 로봇을 도입해 수확 효율을 높이고, 향미와 생산 과정의 품질을 정밀하게 관리한다. 기후 위기와 노동력 부족을 넘어서는 '데이터 기반 농업'은 이미 현실이다. "Designed by data, flavored by feeling." 커피는 이제 기술로 설계된 감각의 결과물이 되었고, 지속 가능성과 윤리적 소비 역시 알고리즘으로 실행되는 가치가 되었다. 핀란드의 Kaffa Roastery는 AI가 소비자 취향을 분석해 만든 블렌드 'AI-conic'을 출시했으며, 이는 블렌딩이 "From intuition to algorithm," 직관에서 데이터로 이동했음을 보여준다. 그 과정에서 커피는 더 이상 손끝의 기술만이 아니라, 데이터와 감각이 협업하는 새로운 형태의 문화적 산물이 되고 있다.

이러한 변화는 커피를 넘어서 브랜드 언어와 광고 문구에도 영향을 미친다. Chapter 11에서 다뤘던 "Awaken Your Senses" 같은 문장은 이제 인간 카피라이터뿐 아니라 AI가 만들어낸 결과물이 되었다. "Words that sell versus words that speak." 오늘날의 언어는 잘 팔리는 문장을 넘어, 감각과 정체성을 어떻게 담아내는가에 대한 질문이 된다. AI는 브랜드 슬로건, 광고 이미지, SNS 해시태그까지 수많은 데이터를 분석하여 개인화된 감정 언어를 생성한다. 커피 한 잔의 패키지 디자인 하나에도 소비자의 정서, 취향, 문화 코드가 녹아들고 있으며, '참여형 문화'의 언어 감각으로 재구성되고 있다. 소비자는 이제 단지 마시는 사람이 아니라, 브랜드가 설계한 이야기의 공저자가 된다.

영어도 마찬가지다. 번역기, 챗봇, 음성 인식 기술은 영어를 배우는 대상에서 기계와 공동 창조하는 실천의 언어로 확장시킨다. 유튜브나 틱톡에서는 AI가 생성한 짧고 강렬한 영어 문장들이 실시간으로 퍼지고, 영어는 점점 더 유동적이고 맥락에 민감한 언어가 된다. "Language is no longer learned. It is lived." 문법적 정확성보다 상황, 감정, 문화적 뉘앙스를 조율하는 능력이 중요해진다. "Right grammar, wrong emotion?" AI는 완벽한 문법을 제공하지만 감정을 놓칠 수도 있다. 이처럼 영어는 '정답'을 암기하는 언어에서, 맥락을 조율하고 감정을 조화시키는 언어로 진화하고 있다. 정해진 공식이 아닌, 함께 살아가는 방식으로서의 영어가 중심에 선다.

그러나 기술이 제시하는 편의성 뒤에는 우려도 있다. AI가 제안하는 맛이 진짜 인간의 미각을 대체할 수 있는가? AI가 생성한 문장이 다양한 문화 감정을 담아낼 수 있는가? "The algorithm speaks, but who listens?" 기술이 만든 다수의 평균값 뒤에는 소수의 감각과 맥락이 지워질 수 있다. 데이터는 효율을 보여주지만, 때로는 사람의 고유한 감정과 미묘한 어조를 설명하지 못한다. 결국 우리는 커피 한 잔을 마시며, 그 안에 담긴 알고리즘, 브랜드의 언어, 그리고 나만의 기억과 감각이 어떻게 엮여 있는지를 다시 읽어야 한다. 영어 또한 더 이상 정답을 맞추는 언어가 아니라, 기술과 인간이 함께 살아가는 열린 언어다.

AI 시대의 커피와 영어는 우리에게 더 나은 경험을 약속하면서도, 더 깊은 성찰을 요구하는 문화 변화의 최전선에 서 있다. 그리고 그 최전선에서 우리가 지켜야 할 것은 인간다움이다.

AI-driven blend
AI가 소비자 취향, 원두 특성, 트렌드 데이터를 분석해 설계한 커피 조합
→ Designed by data, flavored by feeling.

Algorithmic branding
AI가 소비자 심리와 반응을 학습해 만든 브랜드 언어, 광고 문구, 시각 요소
→ Words that sell versus words that speak.

Context-aware English

문법보다 감정, 상황, 문화적 맥락에 더 민감하게 조정되는 영어

→ Right grammar, wrong emotion?

Co-created language

인간과 기계가 공동으로 창조하는 유동적 언어

→ Language is no longer learned: it's lived.

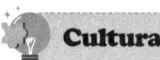
Cultural Insight

AI는 커피 산업의 생산, 유통, 소비를 넘어 감각과 윤리, 감정의 언어까지 재구성하고 있다.

전통적 장인정신은 데이터 기반 감각 설계와 공존하며, 소비자 맞춤형 감각 경험이 새로운 기준이 된다. 영어 또한 정답 중심의 표준어에서 벗어나, 상황과 감정이 살아 있는 유동적 언어로 변화하고 있다.

디지털 시대의 사용자는 단순한 언어 소비자가 아닌, 브랜드와 언어 흐름을 함께 설계하는 참여형 주체이다.

그러나 이 유연함 속에서도 소수 감각, 문화 다양성, 인간 중심 가치를 지키는 감수성이 더욱 절실해지고 있다.

→ The algorithm speaks, but who listens?

Creative Activity

1. AI vs. 인간 광고 문구 비교하기
- AI 생성 광고 문구와 인간 카피라이터의 문장을 나누어 분석
- 감정 표현, 설득력, 문화 코드 반영 정도를 비교

  예 AI: Your perfect brew, every time.

  인간: Awaken Your Senses.

  → 어떤 문장이 더 공감되는가? 이유는?

2. '정답 없는 영어' 체험 활동
- 같은 표현(예 I'm fine, Thank you)을 다양한 맥락에서 사용해보기
- AI 번역기와 실제 사람의 해석 비교
- 감정, 억양, 문화 차이를 토론하며 Language is lived의 의미를 느껴보기

Epilogue

한 잔의 커피로 시작한
영어 문화 여행

처음은 커피였다.

아침의 향기, 카페의 대화, 광고의 짧은 문장들 속에서 자연스럽게 스며든 영어. 그러나 이 책이 말하고자 한 것은 단순한 영어 학습이 아니다. 우리는 콘텐츠를 통해 영어가 어떻게 감정이 되고, 관계가 되고, 사회적 코드가 되는지를 함께 경험해왔다.

'Brew & Buzz'는 커피 한 잔에서 세계를 읽고, 광고 한 줄에서 나의 정체성을 되묻는 여정이었다. 팝송의 반복 구절, 영화 속 속삭임, 유튜브의 짧은 멘트 하나까지! 대중문화 콘텐츠 속 영어 표현들은 단순한 단어의 조합이 아니라, 감정과 시대, 사회와 정체성을 담아내는 살아 있는 언어였다.

우리는 그 언어를 '보는 사람'에서 '말하는 사람'으로, 더 나아가 '쓰는 사람'으로 전환하는 훈련을 해왔다. 콘텐츠 기반 영어 학습은 단순히 재미있는 학습 자료가 아니다. 콘텐츠는 배경이 아니라, 학습의 주체가 된다. 이것은 실생활과 연결되고, 감정을 동반하며, 학습자의 목소리와 정체성을 반영하는 창의적 언어의 통로다. 그래서 미래의 우리 영어 교육은 시험이나 기능 중심을 넘어서, 감정·정체성·문화 인식을 중심으로 재편되어야 한다.

학습자의 삶을 바꾸는 언어 경험이야말로 콘텐츠 기반 영어 교육의 궁극적인 가능성이다. 커피 한 잔에서 시작된 이 언어 여행은 끝이 아니라 이제 말할 준비가 된 당신의 출발점이다. 자신을 표현하고 타인을 이해하는 '살아 있는 말'이 되기를 바란다.

Language isn't just grammar.

It's memory, emotion, identity, and culture—spoken in one breath.

커피, 광고, 그리고 영어
콘텐츠로 읽는 영어와 문화

1판 1쇄 발행 2025년 8월 18일

지 은 이 | 신명희
펴 낸 이 | 김진수
펴 낸 곳 | 한국문화사
등   록 | 제1994-9호
주   소 | 서울시 성동구 아차산로49, 404호 (성수동1가, 서울숲코오롱디지털타워3차)
전   화 | 02-464-7708
팩   스 | 02-499-0846
이 메 일 | hkm7708@daum.net
홈페이지 | http://hph.co.kr

ISBN 979-11-6919-327-6 03740

· 이 책의 내용은 저작권법에 따라 보호받고 있습니다.
· 잘못된 책은 구매처에서 바꾸어 드립니다.
· 책값은 뒤표지에 있습니다.

오류를 발견하셨다면 이메일이나 홈페이지를 통해 제보해주세요.
소중한 의견을 모아 더 좋은 책을 만들겠습니다.